TEXTES SACRES DU TANTRA NON DUEL

L'essence du Shivaïsme du Cachemire

Emma CATANEO

Impression : BoD - Books on Demand, In de Tarpen 42, Norderstedt
(Allemagne)
Impression à la demande
ISBN : 978-2-3225-1847-0
Dépôt légal : juillet 2024

<u>PLAN</u>

<u>INTRODUCTION</u>

À travers la traduction de ces textes, ce document vise à rendre accessibles les enseignements profonds et transformateurs du Shaivisme du Cachemire non duel à un public francophone. En explorant ces œuvres, le lecteur est invité à un voyage intérieur, découvrant les subtilités de la Conscience et de la Réalité ultime, et s'ouvrant à une vision unifiée de l'Existence.

Chaque texte apporte une perspective unique et complémentaire sur la nature de l'univers et de la Conscience.

Les traductions présentées dans ce document des siva sutra, spandakarika, vijnanabhairava, pratyabijnahrdayam, tantrasara et malinivijayottaratantra sont réalisées directement à partir des textes sanskrits originaux, avec un souci constant de fidélité et de précision. Chaque verset a été soigneusement analysé pour en conserver le sens grammatical et spirituel, afin de transmettre au mieux l'essence des enseignements tantrika originaux.

La rigueur académique et la compréhension profonde de la tradition Spirituelle tantrika sous-tendent chaque étape.

C'est aussi la première fois que certains de ces textes sont traduits intégralement en français et présentés ensemble.

Que le lecteur attentif enrichisse ainsi sa compréhension, sa connaissance et sa pratique du tantra non-duel.

Emma CATANEO -akhanda ardhanarishvara- 6 juillet 2024

4

SIVA SUTRA

Les *Shiva Sutras* sont fondamentaux pour le Shivaïsme du Cachemire dans son ensemble, bien qu'ils soient particulièrement importants pour l'école Pratyabhijñā (Reconnaissance). Ils sont considérés comme ayant été révélés par Shiva lui-même au sage Vasugupta au 9e siècle, selon la tradition.

Les *Shiva Sutras* sont divisés en trois sections, chacune traitant d'aspects différents de la réalisation spirituelle :

Shambhavopaya : La voie de Shambhu (Shiva), qui est la voie de la Grâce, où la réalisation du Soi se produit directement par la prise de conscience de la Conscience universelle, sans intervention aucune de la pensée.

Shaktopaya : La voie de Shakti, qui utilise le pouvoir de la volonté et de la connaissance ainsi que de l'énergie. Cette section traite de techniques méditatives et de contemplation qui requièrent un effort pour dépasser le mental.

Anavopaya : La voie de l'individu, qui implique l'utilisation de méthodes spécifiques telles que la concentration sur le corps, la respiration, et les sens pour atteindre la réalisation spirituelle par étapes et séquences.

Les *Shiva Sutras* présentent une vision non dualiste de la Réalité, affirmant que l'univers est une expression de la Conscience pure (Shiva) et que chaque âme individuelle est non différente de cette Conscience universelle.
Ils enseignent que l'ignorance spirituelle est due à l'oubli de notre nature divine et que la réalisation du Soi peut être atteinte en se rappelant notre véritable identité universelle.

Bien que les *Shiva Sutras* ne détaillent pas exhaustivement les

pratiques spirituelles, ils posent les fondements traditionnels pour diverses techniques de méditation, de rituels, et de disciplines spirituelles qui sont développées plus amplement dans d'autres textes du Shivaïsme du Cachemire.
L'accent est mis sur la reconnaissance (Pratyabhijna) de la Conscience universelle en tant qu'essence de l'individu, ce qui mène à la libération (moksha).

Les *Shiva Sutras* sont hautement estimés dans le Shivaïsme du Cachemire et au-delà pour leur concision, leur profondeur, et leur capacité à synthétiser des enseignements complexes sur la nature de la Réalité, la Conscience et les voies de libération.
Ils ont influencé non seulement les développements ultérieurs du Shivaïsme du Cachemire mais aussi d'autres traditions non dualistes.

Première section : Śāmbhavopāya (les moyens utilisant le point de vue de Śiva)

1. *La **conscience** qui est omnisciente et omnipotente **est le Soi** ou la vraie nature de **la Réalité**.*

2. ***La connaissance limitée ou contractée est servitude.***

3. *La création et les actions sont également des formes d'esclavage.*

4. *La base de la connaissance limitée et contractée est **la Mère incomprise**.*

5. *Bhairava, l'Être Suprême, est un éclair ou une*

élévation soudaine de la Conscience divine.

6. *Par l'union avec le groupe collectif des puissances, l'univers se résorbe.*

7. *Même pendant des états de conscience aussi différents que l'éveil, le rêve et le sommeil profond, il y a le délice et la jouissance du* **Quatrième État**.

8. *La connaissance est l'état de veille de la conscience.*

9. *L'état de conscience onirique est l'état des pensées et des idées.*

10. ***Le non-discernement ou le manque de conscience est*** *le sommeil profond de Māyā,* **l'illusion**.

11. *Est maître de ses sens celui qui jouit du délice divin dans la triade de l'éveil, du rêve et du sommeil profond.*

12. *Les étapes du Yoga sont une merveille fascinante.*

13. ***La Volonté du Yogi illuminé est la Splendeur de Śiva.***

14. ***Tous les phénomènes extérieurs ou intérieurs sont le corps du Yogi illuminé.***

15. *En unissant l'esprit au cœur de la Conscience, tous les phénomènes extérieurs et intérieurs, ainsi que le vide, apparaissent dans leur réalité essentielle.*

16. *Ou par union avec le Principe Pur, le Yogi devient comme quelqu'un en qui le pouvoir de liaison existant dans un être limité et conditionné est absent.*

17. *La conscience ferme et inébranlable que je suis Śiva est la connaissance du Soi.*

18. *Le bonheur que le Yogi ressent en demeurant en tant que Connaisseur ou Percepteur du monde, constitué de sujets et d'objets, est son délice de Samādhi.*

19. *En étant uni au Pouvoir de la Volonté, il y a production ou création de corps selon le désir du Yogi.*

20. *Les autres pouvoirs supranormaux du Yogi illuminé sont : Le pouvoir de rassembler des entités existantes ; le pouvoir de les séparer toutes et le pouvoir d'assembler tout.*

21. *L'acquisition complète de la maîtrise du groupe collectif des pouvoirs est réalisée par le Yogi à travers l'émergence de Śuddhavidyā.*

22. *En s'unissant au Grand Lac, le Yogi expérimente la source de tous les mantras.*

Deuxième section : Śāktopāya (le moyen utilisant le point de vue de Shakti)

23. *L'esprit de quelqu'un qui réfléchit constamment à la Réalité la plus élevée est le Mantra.*

24. ***L'effort zélé et spontané est efficace dans l'accomplissement.***

25. *L'existence de la conscience du Je Parfait, qui est constituée de mots dont l'essence est la connaissance du non-dualisme le plus élevé, est le secret du Mantra.*

26. *La satisfaction mentale dans les pouvoirs mayiques limités est un simple rêve basé sur des connaissances inférieures.*

27. ***Lors de l'émergence spontanée de la Connaissance la plus élevée, se produit un mouvement dans l'espace illimité de la Conscience, connu sous le nom de l'état de Śiva.***

28. *Le Guru est le moyen.*

29. *D'un Guru satisfait émane l'illumination concernant le groupe des lettres.*

30.*Le corps* d'une personne dans laquelle l'illumination susmentionnée a été déversée **devient une offrande.**

31.**La connaissance limitée est la nourriture.**

32.*Lors de l'immersion dans la Connaissance Pure, apparaissent des modifications mentales comme dans un rêve, qui en résultent.*

Troisième section : Āṇavopāya (le moyen utilisant le point de vue de l'Aṇu — un Aṇu est un "être limité")

33.**Le Soi individuel est le mental.**

34.**La connaissance née du mental est servitude.**

35.*La non-discrimination de tels principes est Māyā.*

36.*La* **dissolution des tattva** *(ou catégories de manifestation) dans le corps (physique, subtile et causal) devrait être accomplie* **par Bhāvanā (ou contemplation** *).*

37. *Le Yogi devrait provoquer la* **dissolution de l'énergie vitale dans les canaux subtils,** *la conquête des éléments grossiers,* **le retrait de son esprit des éléments grossiers** *et la séparation des éléments grossiers au moyen de Bhāvanā également.*

38. Le pouvoir surnaturel se produit à cause d'un voile tiré par Māyā ou Ignorance.

39. **Le Yogi acquiert la maîtrise de la Connaissance Naturelle grâce à une conquête omniprésente de Māyā.**

40. **Du fait du désir fondé sur un sentiment de besoin, il y a extraversion de l'être limité qui est ainsi soumis à la roue du Saṁsāra** *ou Transmigration d'une forme d'existence à une autre.*

41. Néanmoins, dans le cas du grand Yogi dont la conscience est établie **dans le quatrième état (ou** *Turya),* **avec la suppression du désir, il y a aussi suppression complète de la condition d'être limité.**

42. Ensuite, lorsque le désir disparaît finalement, ce Yogi utilise le corps qui est composé d'éléments grossiers comme revêtement ; et étant complètement libéré, puisqu'il est par excellence égal au Seigneur Śiva, il est parfait et complet.

43. Le lien ou l'association de l'énergie vitale avec le corps est naturel.

44. Il y a de l'énergie vitale dans le canal subtil gauche - Iḍā -, dans le canal subtil droit - Piṅgalā -et dans

Suṣumnā -celui du milieu.

45.**Par la conscience intense et constante du centre - c'est-à-dire la conscience du Je parfait- le Yogi demeure pour toujours dans la** conscience constante de la **Conscience** du Je suprême et parfaite. Que dire d'autre à cet égard ?

46. **Le corps** grossier, **les organes sensoriels, les objets, et le mental ne sont que des transformations de l'ego** individuel.

47. **Le Yogi, en renonçant à l'attachement aux objets sensoriels, devient un avec Śiva.**

48. **Par la pratique du contrôle de la respiration,** le Yogi atteint la connaissance pure.

49. **L'identification à l'ego individuel est la cause de la souffrance.**

50. *La dissolution de l'ego mène à la libération.*

51.**La connaissance pure est atteinte par la méditation sur le Soi.**

52. **Le Yogi, en réalisant la nature illusoire du monde, transcende les opposés.**

53. *La maîtrise de la concentration mène à la réalisation du Soi.*

54. ***Le Yogi illuminé voit l'univers comme une manifestation de Śiva.***

55. ***La libération est obtenue par la conscience de la non-dualité.***

56. *L'union avec Śiva est atteinte par la connaissance de l'unité.*

57. ***La conscience de Śiva est omniprésente et omnipotente.***

58. *Le Yogi qui réalise Śiva devient immortel.*

59. *La méditation sur le Soi mène à la dissolution des limitations.*

60. *La libération est atteinte par la réalisation de l'unité avec Śiva.*

61. *La pratique de la méditation sur le Soi mène à la connaissance ultime.*

62. *La dissolution de l'ego est la clé de la libération.*

63. *La réalisation de la nature illusoire du monde mène à l'union avec Śiva.*

64. *La connaissance pure est atteinte par la méditation constante sur le Soi.*

65. *Le Yogi qui maîtrise les sens atteint la réalisation du Soi.*

66. ***La libération est obtenue par la dissolution des limitations de l'ego.***

67. *La méditation sur la conscience pure mène à la connaissance ultime.*

68. *La réalisation de la nature illusoire des objets sensoriels mène à l'union avec Śiva.*

69. *La pratique constante de la méditation sur le Soi mène à la libération.*

70. *La dissolution de l'ego mène à la réalisation de l'unité avec Śiva.*

71. ***La connaissance pure est atteinte par la conscience de la non-dualité.***

72. *La réalisation de la nature illusoire du monde mène à la libération.*

73. ***La méditation constante sur le Soi mène à la connaissance ultime.***

74. *La dissolution des limitations de l'ego mène à la libération.*

75. *La pratique de la méditation sur la conscience pure mène à l'union avec Śiva.*

76. *La réalisation de la nature illusoire des objets sensoriels mène à la libération.*

77. *La libération est obtenue par la conscience de l'unité avec Śiva.*

SPANDA KARIKA

Le *Spanda Kārikā* est un texte fondamental de l'école Spanda du Shivaïsme du Cachemire. Attribué à Vasugupta ou à son disciple Kallata, ce texte est composé d'une série de versets (*kārikās*) qui dévoilent le concept de Spanda – la vibration divine ou l'impulsion créatrice qui est à la fois le fondement et l'expression dynamique de la Conscience universelle, Śiva.

Le *Spanda Kārikā* explore l'idée que l'univers entier est animé par une vibration subtile (Spanda), qui n'est pas seulement une **force créatrice mais aussi** la **manifestation de la Conscience divine**. Cette vibration est la preuve de la vie et de la conscience en toute chose.
Le texte présente une vision du monde où chaque mouvement, chaque changement, est vu comme l'expression de cette vibration cosmique, indiquant la présence active de Śiva dans la création.

Le *Spanda Kārikā* enseigne que la prise de conscience et la reconnaissance de cette vibration en nous et autour de nous peut conduire à la réalisation spirituelle. Il s'agit de voir le mouvement, le changement, non comme des obstacles à la Spiritualité, mais comme des expressions de la divine Présence.
Le texte met en avant l'importance de la vie quotidienne comme terrain de pratique spirituelle. Reconnaître le spanda dans les activités ordinaires, les émotions et les pensées est un moyen d'éveiller la conscience à sa propre nature divine.
Les *Kārikās* suggèrent des techniques de méditation qui aident à affiner la perception du Spanda, facilitant ainsi l'expérience directe de la Conscience universelle au-delà des limites du mental et des sens.

16

Le *Spanda Kārikā* est crucial pour comprendre l'école Spanda et a eu une influence significative sur l'ensemble du Shivaïsme du Cachemire, enrichissant son corpus.

En raison de sa focalisation sur les expériences de vie courante comme voies vers la réalisation spirituelle, le *Spanda Kārikā* est accessible et pertinent pour un large éventail de chercheurs spirituels, offrant une approche pragmatique de la spiritualité non dualiste.

*1. La vénérée Shankari (**Shakti**), **source d'énergie**, ouvre ses yeux et l'univers est réabsorbé dans la conscience pure ; elle les ferme et l'univers est manifesté en elle.*

2. Le tremblement sacré, le lieu même de la création et du retour, est complètement illimité car sa nature est sans forme.

3. Même dans la dualité, le tantrika va directement à la Source non-duelle, car la pure subjectivité réside toujours immergée dans sa propre nature.

4.Toutes les notions relatives liées à l'ego retrouvent leur source paisible profondément enfouie sous tous les différents états.

5.Dans un sens absolu, le plaisir et la souffrance, le sujet et l'objet, ne sont rien d'autre que l'espace de la Conscience profonde.

***6.Saisir cette vérité fondamentale, c'est voir la liberté absolue partout.** Ainsi, l'activité des sens elle-même réside dans cette liberté fondamentale et en jaillit.*

*7.Par conséquent, **la personne qui redécouvre ce tremblement sacré essentiel de la Conscience échappe à la*** *sombre confusion du désir limité.*

8.*Libéré ainsi de la multiplicité des impulsions liées à l'ego, il expérimente l'état suprême.*

9.*Alors, le cœur réalise* que la vraie nature innée est à la fois l'agent universel et la subjectivité qui perçoit le monde. Ainsi immergé dans la compréhension, il connaît et agit selon son désir.

10.*Comment ce tantrika rempli de merveilles, qui revient toujours à sa propre nature fondamentale comme source de toute manifestation, pourrait-il être sujet à la transmigration ?*

11.*Si le vide pouvait être un objet de contemplation, où serait la conscience qui le perçoit ?*

12.*Considérez donc la contemplation du vide comme un artifice d'une nature analogue à celle d'une profonde absence du monde.*

13.*L'acteur et l'action sont unis, mais lorsque l'action est dissoute en abandonnant les fruits de l'acte, la dynamique même liée à l'ego s'épuise, et le tantrika, absorbé dans cette contemplation profonde, découvre le tremblement divin libéré de ses liens avec l'ego.*

14.*La nature profonde de l'action est ainsi révélée, et **celui qui a intériorisé le mouvement du désir ne connaît plus la dissolution. Il ne peut cesser d'exister car il est retourné à la Source profonde.***

15.*Le tantrika éveillé réalise ce tremblement sacré continu à travers les trois états.*

16.*Shiva est alors en union amoureuse avec Shakti** sous la forme de la connaissance et de son objet, alors qu'ailleurs, il* *se manifeste comme pure Conscience.*

17. *Toute la gamme des différents types de tremblements sacrés trouve sa source dans le tremblement sacré universel de la conscience*, *et de cette manière atteint la personne. Comment un tel tremblement sacré pourrait-il limiter le tantrika ?*

18. *Et pourtant, **ce tremblement sacré** même **cause la perte des personnes sujettes à des vues limitées car, leur intuition étant déconnectée de la source profonde, elles se jettent dans le tourbillon de la transmigration.***

19. *La personne qui, avec ardeur, tend vers le tremblement sacré profond atteint sa véritable nature même au sein de l'activité.*

20. *Le tremblement sacré profond et stable peut être atteint dans des états extrêmes : colère, joie intense, errance mentale ou l'instinct de survie.*

21. *Lorsque le tantrika se livre à Shiva/Shakti, le soleil et la lune se lèvent dans le canal central.*

22. *À ce **moment**, quand dans le ciel le soleil et la lune disparaissent, **la personne éveillée reste lucide, alors que la personne ordinaire sombre dans l'inconscience.***

23. *Les mantras, lorsqu'ils sont chargés de la puissance du tremblement sacré, accomplissent leur fonction à travers les sens de la personne éveillée. Ils s'unissent avec l'esprit du tantrika, qui pénètre la nature de Shiva/Shakti.*

24. *Toutes les choses émergent de l'essence individuelle du tantrika qui se reconnaît en Shiva/Shakti, tout ce dans quoi elle prend plaisir est Shiva/Shakti. Ainsi, il n'y a pas d'état qui puisse être nommé qui ne soit pas Shiva/Shakti.*

25.Toujours présent à la réalité qu'il perçoit comme le jeu de sa propre nature, le tantrika est libéré au cœur même de la vie.

26.Par l'intensité du désir sans objet, la contemplation émerge dans le cœur du tantrika uni au tremblement sacré profond.

27.Ceci est l'atteinte du nectar suprême, l'immortalité du samadhi, qui révèle au tantrika sa propre nature.

28.L'ardeur vers Shiva/Shakti qui manifeste l'univers permet au tantrika d'être accompli. Au cours du rêve, le soleil et la lune apparaissent dans son cœur et tous ses souhaits sont exaucés.

29.Mais s'il n'est pas présent, le tantrika sera lésé par le jeu de la manifestation, et il expérimentera l'état illusoire de l'aspirant tout au long de l'éveil et du sommeil.

30.Comme un objet qui échappe à l'attention est perçu plus clairement lorsque nous faisons l'effort de le voir mieux sous tous les angles, ainsi le tremblement sacré suprême apparaît au tantrika lorsqu'il s'efforce ardemment vers lui. De cette manière, tout est en accord avec l'essence de sa véritable nature.

31.Même dans un état de faiblesse extrême, un tel tantrika réussit dans cet accomplissement. Même affamé, il trouve sa nourriture.

32.Avec pour seul soutien la reconnaissance du cœur, le tantrika est omniscient et en harmonie avec le monde.

*33.Si le corps/esprit est ravagé par le découragement dû à l'ignorance, **seule l'expansion complètement illimitée de la Conscience dissipera une lassitude dont la source aura alors*** *disparu.*

34,La révélation du Soi surgit chez la personne qui est maintenant seulement désir absolu. Puissions-nous tous faire cette expérience !

35.Alors, que la lumière, le son, la forme et le goût viennent et entravent la personne qui est encore liée à l'ego.

*36. Lorsque **le tantrika imprègne tout de son désir absolu**, à quoi servent les mots ? Il fait l'expérience par lui-même.*

37. Que le tantrika reste présent, ses sens vigilamment semés dans la réalité, et qu'il connaisse la stabilité.

38.La personne qui est privée de son pouvoir par les forces obscures de l'activité limitée devient le jouet de l'énergie des sons.

39. Pris dans le champ des énergies subtiles et des représentations mentales, l'ambroisie suprême est dissoute, et la personne oublie sa liberté innée.

*40.La puissance de la parole est toujours prête à voiler la nature profonde du Soi parce **qu'aucune représentation mentale ne peut se libérer du langage.***

41.L'énergie du tremblement sacré *qui traverse la personne vulgaire l'asservit, alors que cette même énergie **libère la personne qui est sur le chemin.***

42.Le corps subtil lui-même est un obstacle lié à l'intelligence limitée et à l'ego. *La personne asservie a des expériences liées à ses croyances et à l'idée qu'elle a de son corps, et de cette manière perpétue le lien.*

*43.Mais **lorsque le tantrika s'établit dans le tremblement sacré de la réalité, il libère le flux de manifestation et de*** *retour, et de cette manière prend plaisir à la liberté universelle, en tant que maître de la roue des énergies.*

44.Je vénère les mots spontanés, tremblants et merveilleux de mon maître qui m'a fait traverser l'Océan du doute.

45.Puisse ce joyau de connaissance conduire toutes les personnes à atteindre la véritable nature de la Réalité, et puissent-elles garder ce joyau dans la partie la plus profonde de leur cœur.

*46. **Celui qui reste absorbé dans le tremblement sacré atteint la liberté suprême.***

47. Le tantrika qui demeure dans le tremblement sacré à chaque instant connaît la réalité ultime de l'univers.

48. La reconnaissance de la non-dualité, où toutes les distinctions disparaissent, conduit à l'unité avec le Soi.

49. Le tremblement sacré est la cause de l'union éternelle avec Shiva, source de toute manifestation et réabsorption.

*50.**La contemplation constante de cette vibration divine libère des liens karmiques et des cycles de renaissance.***

51. L'immersion continue dans la Conscience permet de transcender toutes les limitations et réaliser l'état de Shiva.

52.La connaissance du Soi transcende toutes les dualités et réalise la vérité ultime.

<u>VIJNANA BHAIRAVA TANTRA</u>

- **Nature**: Un dialogue entre Bhairava (un nom de Shiva) et Bhairavi (la Déesse).
- **Contenu**: Il décrit 112 techniques de méditation ou dhyāna pour atteindre la réalisation spirituelle. Ces techniques couvrent une gamme d'approchrs, des plus corporelles aux plus subtiles.
- **Importance**: Ce texte est célèbre pour sa présentation accessible des pratiques méditatives qui peuvent conduire à une prise de conscience supérieure.

Le *Vijñāna Bhairava Tantra*, avec ses 112 techniques de méditation et de contemplation, transcende en quelque sorte les divisions strictes entre les écoles du Shivaïsme du Cachemire. Sa nature inclusive et sa focalisation sur la diversité des voies d'accès à la Réalité divine le rendent pertinent pour plusieurs traditions. Toutefois, de par son emphase sur la reconnaissance directe de la Conscience divine à travers des pratiques expérientielles, il partage des affinités particulières avec l'école Spanda : à travers l'idée que la reconnaissance de la vibration (spanda) de la conscience en toutes choses mène à la réalisation spirituelle ; il partage aussi des affinités particulières avec l'école Pratyabhijñā : en proposant des techniques pour la reconnaissance directe (pratyabhijñā) de Śiva ou la Conscience universelle en tant que sa propre essence.

Bien que le Vijñāna Bhairava Tantra puisse être considéré comme proche des perspectives de ces écoles en raison de son approche non dualiste et de sa méthode directe de réalisation spirituelle, il est également apprécié dans le cadre plus large du Tantra pour sa capacité à guider tous les pratiquants, indépendamment de leur école ou tradition spécifique, vers une expérience intime de la Conscience divine et a donc une vocation universelle. Ses outils et techniques, qui empruntent à la fois à la voie progressive et à la voie directe s'y prètent évidemment.

*"Bhaïrava et Bhaïravi, **amoureusement unis dans la même connaissance**, sortirent de l'indifférencié pour que leur dialogue illumine les êtres.*

*1. Bhaïravi, la Shakti de Bhaïrava dit: Ô Seigneur, toi qui manifeste l'univers et te joue de cette manifestation, tu n'es autre que mon Soi. J'ai reçu **l'enseignement du Trika** qui **est la quintessence de toutes les écritures sacrées**, cependant, j'ai encore quelques doutes.*

2. Ô Dieu, du point de vue de la réalité absolue, quelle est la nature essentielle de Bhaïrava? Réside-t-elle dans l'énergie liée aux phonèmes?

3.Dans la réalisation de la nature essentielle liée à Bhaïrava? Dans un mantra particulier? Dans les trois Shakti? Dans la présence du mantra vivant en chaque mot? Dans le pouvoir du mantra présent dans chaque particule de l'univers? Réside-t-elle dans les chakra ? Dans le son ha? Ou bien est-ce uniquement la Shakti?

4. Ce qui est composé est-il issu de l'énergie immanente et transcendante ou ne ressort-il que de l'énergie immanente?

5. Si ce qui est composé ne ressort que de l'énergie transcendante, la transcendance même n'aurait alors plus d'objet.

6. La transcendance ne peut être différenciée en sons et en particules car sa nature indivise ne lui permet pas de se trouver dans le multiple.

7. Ô Seigneur, que ta grâce abolisse mes doutes!

*8. Parfait! Parfait! Tes questions, Ô Bien-aimée, forment **la quintessence des Tantra**. Je vais t'exposer un savoir secret.*

9. Tout ce qui est perçu comme une forme composée de la sphère de Bhaïrava doit être considéré comme une fantasmagorie, une illusion magique, une cité fantôme suspendue dans le ciel.

10. Une telle description n'a comme objet que de pousser ceux qui sont en proie à l'illusion et aux activités mondaines à se tourner vers la contemplation.

*11.De tels enseignements sont destinés à **ceux qui sont intéressés par les rites et les pratiques extérieures** et **sont soumis à la pensée dualisante.***

*12. **Du point de vue absolu**, Bhaïrava n'est associé ni aux lettres, ni aux phonèmes, ni aux trois Shakti, ni à la percée des chakra, ni aux autres croyances, et **la Shakti ne compose pas son essence**.*

*13. Tous **ces concepts** exposés dans les écritures **sont destinés à ceux dont l'esprit est encore trop immature** pour saisir la Réalité suprême.*

*14. Ils ne sont que des **friandises destinées à inciter les aspirants** à une voie de conduite éthique et **à une pratique** spirituelle **afin qu'ils puissent** un jour **réaliser que la nature ultime de Bhaïrava n'est pas séparé de leur propre Soi.***

*15. **L'extase mystique n'est pas soumise à la pensée dualisante, elle est totalement libérée des notions de lieu, d'espace et de temps.** Cette vérité ne peut être touchée que par l'expérience. **On ne peut l'atteindre que lorsqu'on se libère totalement de la dualité, de l'égo, et qu'on s'établit fermement dans la plénitude de la conscience du Soi.***

16. Cet état de Bhaïrava est gorgé de la pure félicité de la non différenciation du tântrika et de l'univers, lui seul est la Shakti.

17. Dans la réalité de sa propre nature ainsi reconnue et contenant l'univers entier, on touche à la plus haute sphère.

18. Qui donc pourrait être adoré? Qui donc pourrait être comblé par cette adoration? Seule cette condition de Bhaïrava reconnue comme suprême est la grande Déesse.

*19. **Comme il n'y a plus de différence entre la Shakti et celui qui la possède, ni entre substance et objet, la Shakti est identique au Soi.***

*20. **L'énergie des flammes n'est autre que le feu. Toute distinction n'est qu'un prélude à la voie de la véritable connaissance.***

*21. **Celui qui accède à la Shakti, saisit la non-distinction*** *entre Shiva et Shakti et passe la porte d'accès au divin.*

22. Ainsi qu'on reconnaît l'espace illuminé par les rayons du soleil, **ainsi reconnaît-on Shiva grâce à l'énergie de Shakti** *qui est l'essence du Soi.*

23. Ô Seigneur suprême! Toi qui porte un trident et un collier de crânes, comment atteindre la plénitude absolue de la Shakti qui transcende toute notion, toute description et abolit le temps et l'espace? **Comment réaliser cette non dualité avec l'univers?** *Dans quel sens dit-on que la suprême Shakti est la porte secrète de l'état Bhaïravien? Peux-tu répondre par le langage conventionnel à ces questions absolues?*

24. **La suprême Shakti se manifeste lorsque le souffle inspiré et le souffle expiré naissent et s'éteignent aux deux points situés en haut et en bas. Ainsi, entre deux respirations, fais l'expérience de l'espace infini.**

25. **A travers le mouvement et l'arrêt du souffle, entre l'expiration et l'inspiration, lorsqu'il s'immobilise aux deux points extrêmes, coeur intérieur et coeur extérieur, deux espaces vides te seront révélés: Bhaïrava et Bhaïravi.**

26. **Le corps relâché au moment de l'expiration et de l'inspiration, perçois, dans la dissolution de la pensée duelle, le coeur, centre de l'énergie ou s'écoule l' essence absolue de l'état Bhaïravien.**

27. **Lorsque tu as inspiré ou expiré complètement et que le mouvement s'arrête de lui-même, dans cette pause universelle et paisible, la notion du "moi" disparaît et la**

Shakti se révèle.

28. *Considère la Shakti comme une vive luminosité, de plus en plus subtile, portée de centre en centre, de bas en haut, par l'énergie du souffle, au travers de la tige de lotus. Lorsqu'elle s'apaise dans le centre supérieur, c'est l'éveil de Bhaïrava.*

29. *Le coeur s'ouvre et, de centre en centre, la Kundalini s'élance comme l'éclair. Alors se manifeste la splendeur de Bhaïrava.*

30. *Médite sur les douze centres d'énergie, les douze lettres conjointes et libère-toi de la matérialité pour atteindre à la suprême subtilité de Shiva.*

31. *Concentre l'attention entre les deux sourcils, garde ton esprit libre de toute pensée dualisante, laisse ta forme se remplir avec l'essence de la respiration jusqu'au sommet de la tête et là, baigne dans la spatialité lumineuse.*

32. *Imagine les cinq cercles colorés d'une plume de paon comme étant les cinq sens disséminés dans l'espace illimité et réside dans la spatialité de ton propre coeur.*

33. *Vide, mur, quel que soit l'objet de contemplation, il est la matrice de la spatialité de ton propre esprit.*

34. *Ferme les yeux, vois l'espace entier comme s'il était absorbé par ta propre tête, dirige le regard vers l'intérieur, et là, vois la spatialité de ta vraie nature.*

35. *Le canal central est la Déesse, telle une tige de lotus,* rouge à l'intérieur, bleue à l'extérieur. *Il traverse ton corps. En méditant sur sa vacuité interne, tu accéderas à la spatialité divine.*

36. Bouche les sept ouvertures de la tête avec tes mains et fonds-toi dans le bindu, l'espace infini, entre les sourcils.

37. *Si tu médites dans le coeur, dans le centre supérieur ou entre les deux yeux,* se produira l'étincelle qui dissoudra la pensée discursive, comme lorsqu'on effleure les paupières avec les doigts. *Tu te fondras alors dans la conscience suprême.*

38. *Entre dans le centre du son spontané qui vibre de lui-même* comme dans le son continu d'une cascade, ou, mettant les doigts dans les oreilles, entend le son des sons et atteins Brahman, l'immensité.

39. Ô Bhaïravi, **chante OM**, le mantra de l'union amoureuse **de Shiva et Shakti,** avec présence et lenteur. **Entre dans le son et lorsqu'il s'éteint, glisse dans la liberté d'être.**

40. **Concentre-toi sur l'émergence ou la disparition d'un son puis accède à la plénitude ineffable du vide.**

41. En étant totalement présent au chant, à la musique, entre dans la spatialité avec chaque son qui émerge et se dissout en elle.

42. Visualise une lettre, laisse-toi remplir par sa luminosité. La conscience ouverte, entre dans la sonorité de la lettre, puis

dans une sensation de plus en plus subtile. Lorsque la lettre se dissout dans l'espace, sois libre.

43. **Lorsque tu saisis la spatialité lumineuse de ton propre corps irradiant dans toutes les directions, tu te libères de la dualité et t'intègres à l'espace.**

44. **Si tu contemples simultanément la spatialité du haut et celle de la base, l'énergie hors du corps te porte au delà de la pensée dualisante.**

45. **Réside simultanément dans la spatialité de la base, dans celle du coeur et dans celle du sommet. Ainsi, par l'absence de pensée dualisante, s'épanouit la conscience divine.**

46. **En un instant, perçois la non-dualité en un point du corps**, *pénètre cet espace infini et accède à l'essence libérée de la dualité.*

47. *Ô femme aux yeux de gazelle, **laisse l'éther pénétrer ton corps**, fonds-toi dans l'indicible spatialité de ton propre esprit.*

48. *Suppose que ton corps est pure spatialité lumineuse contenue par la peau et accède au sans limite.*

49. *Ô Beauté! les sens disséminés **dans l'espace du coeur, perçois_l'essence de la Shakti** comme une poudre d'or d'une indicible finesse qui scintille en ton coeur et de là se déverse dans l'espace. Alors tu connaîtras la béatitude suprême.*

50. **Lorsque ton corps est tout entier pénétré de conscience, l'esprit unipointé se dissout dans le coeur et tu pénètres alors**

la réalité.

51. **Fixe ton esprit dans le coeur en te livrant aux activités du monde**, ainsi l'agitation disparaîtra et en quelques jours tu connaîtras l'indescriptible.

52. **Concentre-toi sur un feu de plus en plus ardent** qui monte de tes pieds et te consume entièrement. Lorsqu'il ne reste que cendres dispersées par le vent, connais la tranquillité de l'espace qui retourne à l'espace.

53. Vois le monde entier transformé en un gigantesque brasier. Puis, lorsque tout n'est que cendre, entre dans la béatitude.

54. **Si les tattva** de plus en plus subtils **sont absorbés en leur propre origine, la suprême Déesse te sera révélée.**

55. **Arrive à une respiration intangible, concentrée entre les deux yeux, puis lorsque naît la lumière laisse descendre la Shakti jusqu'au Coeur** et là, dans la présence lumineuse, au moment de l'endormissement, atteins la maîtrise des rêves et connais le mystère de la mort elle-même.

56. Considère l'univers entier comme s'il se dissolvait dans des formes de plus en plus subtiles jusqu'à sa fusion dans la pure conscience.

57. Si tu médites sur le Shiva tattva qui est la quintessence de l'univers entier sans connaître de limite dans l'espace, tu connaîtras l'ultime extase.

58. Ô Grande Déesse! **Perçois la spatialité de l'univers et**

deviens la jarre qui le contient.

59. *Regarde un bol ou un récipient sans en voir les côtés ou la matière. En peu de temps prends conscience de l'espace.*

60. *Séjourne dans un lieu infiniment spacieux, dépourvu d'arbres, de collines, d'habitations;* **laisse ton regard se dissoudre dans l'espace** *vierge, de là vient la détente de l'esprit.*

61. **Dans l'espace vide qui sépare deux instants de conscience, se révèle la spatialité lumineuse.**

62. *Au moment précis ou tu as l'impulsion de faire quelque chose, arrête-toi. Alors n'étant plus dans l'impulsion qui précède ni dans celle qui suit, la réalisation s'épanouit avec intensité.*

63. *Contemple les formes indivises de ton propre corps et celles de l'univers entier comme étant d'une même nature, ainsi, ton être omniprésent et ta propre forme reposeront dans l'unité et tu atteindras la nature de la conscience.*

64. *Dans toute activité, concentre-toi sur l'espace qui sépare l'inspiration de l'expiration. Ainsi, accède à la félicité.*

65. **Ressens ta substance: os, chair et sang, saturée par l'essence cosmique, et connais la suprême félicité.**

66. *Ô Belle aux yeux de gazelle, considère les vents comme ton propre corps de félicité. Au moment où tu frémis, accède à la présence lumineuse.*

67. *Lorsque tes sens frémissent et que ta pensée atteint l'immobilité, entre dans l'énergie du souffle, et, au moment où tu sens un fourmillement, connais la joie suprême.*

68. *Lorsque tu pratiques le rituel sexuel, que la pensée réside dans le frémissement des sens comme le vent dans les feuilles, accède alors à la félicité spatiale de l'extase amoureuse.*

69. *Au début de l'union, sois dans le feu des énergies libérées par la jouissance intime;* **fonds toi dans la divine Shakti et continue de brûler dans l'espace sans connaître les cendres à la fin.** *Ces délices sont en réalité ceux du Soi.*

70. *Ô Déesse! La jouissance de la félicité intime née de l'union peut se reproduire à tout moment par la présence lumineuse de l'esprit qui se remémore intensément cette jouissance.*

71. *Lorsque tu retrouves un être aimé, sois totalement dans cette félicité et pénètre cet espace lumineux.*

72. *Lors de l'euphorie et de l'expansion causée par les mets et les boissons délicats, sois tout entier dans cette délectation et, à travers elle, goûte à la suprême félicité.*

73. *Fonds-toi dans la joie éprouvée lors de la jouissance musicale ou dans celle qui ravit les autres sens.* **Si tu n'es plus que cette joie, tu accèdes au divin.**

74. *Là où tu trouves satisfaction, l'essence de la félicité suprême te sera révélée si tu demeures en ce lieu sans*

fluctuation mentale.

75. ***Au moment de t'endormir****, lorsque le sommeil n'est pas encore venu et que l'état de veille disparaît, à cet instant précis, **connais la suprême Déesse**.*

76. *En été, lorsque ton regard se dissout dans le ciel, clair à l'infini, pénètre dans cette clarté qui est l'essence de ton propre esprit.*

77. ***L'entrée dans la spatialité de ton propre esprit se produit au moment où l'intuition se libère par la fixité du regard****, la succion ininterrompue de l'amour, les sentiments violents, l'agonie ou la mort.*

78. *Assis confortablement pieds et mains dans le vide, accède à l'espace de la plénitude ineffable.*

79. ***Dans une position confortable, les mains ouvertes à la hauteur des épaules, une zone de spatialité lumineuse se diffuse graduellement entre tes aisselles, elle ravit le coeur et cause une paix profonde.***

80. ***En fixant le regard sans cligne****r sur un galet, un morceau de bois, ou tout autre objet ordinaire, **la pensée perd tout support et accède rapidement à Shiva/Shakti**.*

81. *La bouche ouverte, place ton esprit dans ta langue au centre de la cavité buccale, avec l'expiration émets le son HA et connais la présence paisible au monde.*

82. *Lorsque tu es allongé, vois ton corps comme privé de*

support. Laisse ta pensée se dissoudre dans l'espace, alors le contenu de la conscience de tréfonds se dissoudra lui aussi, et tu connaîtras la pure présence, libérée du rêve.

83. Ô Déesse, jouis de l'extrême lenteur des mouvements de ton corps, d'une monture, d'un véhicule, et, l'esprit paisible, coule-toi dans l'esprit divin.

84. Le regard ouvert sur un ciel très pur, sans cligner, la tension se dissout avec le regard, et là, tu atteins la merveilleuse stabilité Bhaïravienne.

85. Pénètre dans la spatialité lumineuse de Bhaïrava disséminée dans ta propre tête, sors de l'espace et du temps, sois Bhaïrava.

86. Quand tu accèdes à Bhaïrava en dissolvant la dualité à l'état de veille, que cette présence spatiale continue dans le rêve, et que tu traverses ensuite la nuit du sommeil profond comme la forme même de Bhaïrava, connais l'infinie splendeur de la conscience éveillée.

87. Pendant une nuit noire et sans lune, les yeux ouverts sur les ténèbres, laisse ton être tout entier se fondre dans cette obscurité et accède à la forme de Bhaïrava.

88. Les yeux clos dissous-toi dans l'obscurité, puis, ouvre les yeux et identifie-toi à la forme terrible de Bhaïrava.

89. Lorsqu'un obstacle s'oppose à la satisfaction d'un sens, saisis cet instant de vacuité spatiale qui est l'essence de la méditation.

90. *Prononce de tout ton être un mot finissant par le son "AH" et dans le "H" laisse toi emporter par le flot de sagesse qui surgit.*

91. *Lorsqu'on fixe son esprit libéré de toute structure sur le son final d'une lettre, l'immensité se révèle.*

92. *Marchant, dormant, rêvant, la conscience ayant abandonné tout support, **connais-toi en tant que présence lumineuse et spatiale.***

93. *Pique un endroit de ton corps et, par ce point unique, accède au domaine lumineux de Bhaïrava.*

94. *Lorsque **par la contemplation** se révèle la vacuité de l'ego, de l'intellect agissant et de l'esprit, **toute forme devient un espace illimité et la racine même de la dualité se dissout.***

95. *L'illusion perturbe, les cinq cuirasses obstruent la vision, les séparations imposées par la pensée dualisante sont artificielles.*

96. *Lorsque tu prends conscience d'un désir, considère-le le temps d'un claquement de doigt, puis soudain abandonne-le. Alors il retourne à l'espace duquel il vient de surgir.*

97. *Avant de désirer, avant de savoir :"Qui suis-je, où suis-je ?", telle est la vraie nature du "Je". Telle est la spatialité profonde de la réalité.*

98. *Lorsque désir et savoir se sont manifestés, oublie l'objet de*

ce désir ou de ce savoir et fixe ton esprit sur le désir et le savoir libérés de tout objet comme étant le Soi. Alors tu atteindras la réalité profonde.

99. **Toute connaissance particulière est de nature fallacieuse. Lorsque se manifeste la soif de connaître, réalise immédiatement la spatialité de la connaissance elle-même et sois Shiva/Shakti.**

100. **La conscience est partout, il n'y a aucune différenciation, réalise cela profondément et triomphe ainsi du temps.**

101. **En état de désir** *extrême, de colère, d'avidité, d'égarement, d'orgueil ou d'envie,* **pénètre dans ton propre coeur et découvre l'apaisement** *sous-jacent à ces états.*

102. Si tu perçois l'univers tout entier comme une fantasmagorie, une joie ineffable surgira en toi.

103. Ô Bhaïravi! **ne réside ni dans le plaisir ni dans la souffrance, mais sois constamment dans la réalité ineffable et spatiale qui les relie.**

104. **Lorsque tu réalises que tu es en toute chose, l'attachement au corps se dissout, la joie et la félicité se lèvent.**

105. **Le désir existe en toi comme en toute chose.** *Réalise qu'il se trouve aussi dans les objets et dans tout ce que l'esprit peut saisir. Alors* **découvrant l'universalité du désir, pénètre son espace lumineux.**

*106. **Tout être vivant perçoit sujet et objet, mais le tântrika réside dans leur union.***

*107. **Ressens la conscience de chaque être comme ta propre conscience.***

*108. **Libère l'esprit de tout support et accède à la non-dualité.** Alors, Femme aux yeux de gazelle, **le soi limité devient le Soi absolu.***

*109. **Shiva est omniprésent, omnipotent et omniscient.** Puisque tu as les attributs de Shiva, tu es semblable à lui. **Reconnais le divin en toi.***

110. Les vagues naissent de l'océan et s'y perdent , les flammes montent puis s'éteignent, le soleil surgit puis disparaît. Ainsi tout trouve sa source dans la spatialité de l'esprit et y retourne.

111. Erre ou danse jusqu'à l'épuisement, dans une totale spontanéité. Puis, brusquement, laisse-toi tomber sur le sol et, dans cette chute, sois entière. Alors se révèle l'essence absolue.

112. Suppose que tu es graduellement privée d'énergie et de connaissance, à l'instant de cette dissolution, ton être véritable te sera révélé.

*113. Ô Déesse, écoute **l'ultime enseignement mystique**: il suffit de **fixer son regard sur l'espace, sans cligner, pour accéder à la spatialité de ton propre esprit.***

114. Arrête la perception du son en te bouchant les oreilles. En contractant l'anus, entre en résonance et touche ce qui n'est soumis ni à l'espace ni au temps.

115. Au bord d'un puits, sonde, immobile, sa profondeur jusqu'à l'émerveillement et fonds-toi dans l'espace.

116. Lorsque ton esprit vagabonde extérieurement ou intérieurement, c'est là précisément que se trouve l'état shivaïte. Où donc la pensée pourrait-elle se réfugier pour ne plus savourer cet état ?

*117. **L'esprit est en toi et tout autour de toi**. Lorsque **tout est pure conscience spatiale**, accède à l'essence de la plénitude.*

118. Dans la stupeur ou l'anxiété, à travers l'expérience des sentiments extrêmes, quand tu surplombes un précipice, que tu fuis le combat, que tu connais la faim ou la terreur, ou même lorsque tu éternues, l'essence de la spatialité de ton propre esprit peut être saisie.

119. Lorsque la vue d'un certain lieu fait émerger des souvenirs, laisse ta pensée revivre ces instants, puis, lorsque les souvenirs s'épuisent, un pas plus loin, connais l'omniprésence.

*120. Regarde un objet, puis, lentement, retire ton regard. Ensuite, retire ta pensée et deviens le **réceptacle** de la plénitude ineffable.*

121. L'intuition qui émerge de l'intensité de l'adoration

passionnée s'écoule dans l'espace, libère et fait accéder au domaine de Shiva/Shakti.

*122. **L'attention fixée sur un seul objet, on pénètre tout objet.** Qu'on se relâche alors dans la plénitude spatiale de son propre Soi.*

*123. La pureté exaltée par les religieux ignorants semble impure au tântrika. **Affranchis-toi de la pensée dualisante, et ne reconnais rien comme pur ou impur.***

*124. Saisis que **la réalité spatiale de Bhaïrava est présente en toute chose, en tout être**, et **sois cette réalité.***

*125. **Le bonheur réside dans l'égalité entre les sentiments extrêmes. Réside dans ton propre coeur** et accède à la plénitude.*

*126. <u>**Libère-toi de la haine comme de l'attachement. Alors ne connaissant ni répulsion ni lien, glisse-toi dans le divin en ton propre coeur.**</u>*

*127. Toi, au coeur ouvert et doux, **médite sur ce qui ne peut être connu, sur ce qui ne peut être saisi.** Toute la dualité étant hors d'atteinte, où donc la conscience pourrait-elle se fixer pour échapper à l'extase ?*

*128. **Contemple l'espace vide, accède à la non-perception, à la non-distinction, à l'insaisissable, <u>par-delà l'être et le non-être</u> : Touche au non-espace.***

129. Lorsque la pensée se dirige vers un objet, utilise cette énergie. Dépasse l'objet, et là, fixe la pensée sur cet espace vide et lumineux.

130. Bhaïrava est un avec ta conscience lumineuse, en chantant le nom de Bhaïrava, tu deviens Shiva.

*131. **Lorsque tu affirmes** :"j'existe", **"je pense ceci ou cela"**, "telle chose m'appartient", **accède** à ce qui n'a pas de fondement et, **au-delà de telles affirmations, connais l'illimité et trouve la paix.***

132. "Éternelle, omnisciente, sans support, Déesse de tout le manifesté..." Sois celle-là et accède à Shiva/Shakti.

133. Ce que tu appelles l'univers est une illusion, une apparition magique. Pour être heureux, considère-le tel quel.

*134. **Sans la pensée dualisante, par quoi la conscience pourrait-elle être limitée ?***

*135. **En réalité, lien et libération n'existent que pour ceux qui** sont terrifiés par le monde et **méconnaissent leur nature** fondamentale. **L'univers se reflète en l'esprit comme le soleil sur les eaux.***

136. A l'instant où ton attention s'éveille par l'intermédiaire des organes des sens, pénètre dans la spatialité de ton propre coeur

*137. **Lorsque connaissance et connu sont d'une essence unique, le Soi resplendit.***

*138. Ô, bien-aimée, **lorsque l'esprit, l'intellect, l'énergie et le soi limité disparaissent, alors surgit le merveilleux Bhaïrava!***

*139. Ô Déesse, je viens de t'exposer **cent douze dhâranâ. Celui qui les connais échappe à la pensée dualisante** et atteint la connaissance parfaite.*

*140. **Celui qui réalise une seule de ces dhâranâ devient Bhaïrava** en personne. **Sa parole s'accomplit dans l'acte** et il obtient le pouvoir de transmettre ou non la Shakti.*

141. Ô Déesse, l'être qui maîtrise une seule de ces pratiques se libère de la vieillesse et de la mort, il acquiert les pouvoirs supranormaux, les yogini et les yogi le chérissent et il préside à leurs réunions secrètes.

142. Libéré au sein même de l'activité et de la réalité, il est libre.

*143. La Déesse dit: Ô Seigneur, qu'on suive cette réalité merveilleuse qui est la nature de la Shakti suprême! **Qui donc est adoré? Qui est l'adorateur? Qui entre en contemplation? Qui est contemplé? Qui reçoit l'oblation et qui en fait l'offrande? A qui sacrifie-t-on et quel est le sacrifice?***

*144. Ô Femme aux yeux de gazelle, toutes **ces pratiques sont celles de la voie extérieure et correspondent aux aspirations grossières.***

*145. **Seule cette contemplation de la plus haute réalité est la pratique du tantrikâ.** Ce qui résonne spontanément en soi est la formule mystique.*

*146. **Un esprit stable et dépourvu de caractéristiques, voilà la vraie contemplation. Les visualisations imagées des divinités ne sont que des artifices.***

*147. **L'adoration ne consiste pas en offrandes mais en la réalisation que le coeur est la suprême conscience dégagée de la pensée dualisante. Dans la parfaite ardeur, Shiva/Shakti se dissolvent dans le Soi.***

*148. **Si l'on pénètre un seul des yoga décrits ici, on connaîtra une plénitude s'étendant de jour en jour jusqu'à la plus haute perfection.***

*149. **Lorsqu'on jette dans le feu de la suprême réalité, les cinq éléments, les sens et leurs objets, l'esprit dualisant et la vacuité même, alors il y a réelle offrande à la divinité.***

*150. Ô Déesse suprême, ici, le sacrifice n'est rien d'autre que la satisfaction spirituelle caractérisée par la félicité. **Le vrai lieu de pèlerinage**, O Pârvati, **est l'absorption** en la Shakti **qui détruit toute souillure** et protège tous les êtres.*

151. Comment pourrait-il y avoir d'autre adoration et qui donc la recevrait?

*152. **L'essence du Soi est universelle. Elle est autonomie, félicité et conscience. L'absorption dans cette essence est le bain rituel.***

153. Les offrandes, l'adorateur, la suprême Shakti ne sont qu'un. Ceci est l'adoration profonde.

43

154. Le souffle sort, le souffle entre, de lui-même sinueux. **Parfaitement accordée au souffle, Kundalini**, *la Grande* **Déesse, se dresse. Transcendante et immanente**, *elle est le plus haut lieu de pèlerinage.*

155. Ainsi, profondément établi dans le rite de la grande félicité, pleinement présent à la montée de l'énergie divine, grâce à la Déesse, le yogin atteindra le suprême Bhaïrava.

156. **L'air est exhalé avec le son SA puis inhalé avec le son HAM. Alors la récitation du mantra HAMSA est continue. La respiration est le mantra**, *répété vingt et un mille fois, nuit et jour, c'est le mantra* **de la suprême Déesse.**

157. Ô Déesse, **je viens de t'exposer les enseignements mystiques ultimes que rien ne surpasse.** *Qu'ils ne soient transmis qu'aux êtres généreux, à ceux qui vénèrent la lignée des Maîtres, aux intelligences intuitives libérées de l'oscillation cognitive et du doute et à ceux qui les mettront en pratique. Car* **sans pratique, la transmission se dilue**, *et ceux qui ont eu la merveilleuse occasion de recevoir* **ces enseignements** *retournent à la souffrance et à l'illusion alors qu'ils ont eu* **un trésor éternel entre les mains**.

158. Ô Seigneur, j'ai maintenant saisi le coeur des enseignements et **la quintessence des tantra**. *Il faudra quitter cette vie mais pourquoi renoncererait-on au coeur de la Shakti?*

159. **Ainsi qu'on reconnaît l'espace illuminé par les rayons du soleil, ainsi reconnaît-on Shiva grâce à l'énergie de**

Shakti qui est l'essence du Soi.

160. Alors Shiva et Shakti, rayonnant de béatitude, s'unirent à nouveau dans l'indifférencié."

161. Les enseignements exposés ici sont le cœur du Vijnana Bhairava Tantra. Que celui qui les reçoit les mette en pratique avec dévotion et constance.

162. En pratiquant ces enseignements, le yogi transcende les illusions mondaines et réalise l'union avec la conscience universelle.

163. Les yogis qui ont maîtrisé ces pratiques jouissent d'une béatitude éternelle et d'une liberté inconditionnelle.

PRATYABHIJNAHRDAYAM

Le *Pratyabhijñā-hṛdayam*, ou "Le Cœur de la Reconnaissance", est un texte central du Shivaïsme du Cachemire rédigé par Kṣemarāja, un disciple d'Abhinavagupta. Composé de 20 sutras ou aphorismes, ce texte concis mais profond expose les principes fondamentaux de la Pratyabhijñā ou doctrine de la Reconnaissance, qui enseigne la réalisation de la nature divine de la Conscience. Le *Pratyabhijñā-hṛdayam* souligne que l'ignorance spirituelle est essentiellement un oubli de notre nature divine, et que la réalisation ou la "reconnaissance" de cette nature est la voie vers la libération. Le texte guide le lecteur à travers un processus de reconnaissance intérieure de Śiva comme sa propre essence la plus profonde, utilisant la logique, la philosophie et des pratiques contemplatives.

Le Pratyabhijñāhṛdayam de Kṣemarāja du Xème siècle enseigne que la libération spirituelle est atteinte par la reconnaissance de la nature divine de la conscience individuelle.

- **1** : "*C'est **par la reconnaissance de sa propre nature divine** que **l'âme individuelle se libère de l'illusion(māyā)**.*"

- **2** : "***Le Seigneur**, bien qu'étant **pure conscience, par sa** propre **volonté, se manifeste** sous forme de cet univers.*"

- **3** : "*La manifestation de l'univers est semblable à un rêve qui, bien qu'irréel, semble réel tant qu'on ne s'*" *éveille pas.*"

- **4** : "*La conscience pure devient l'âme individuelle en se limitant elle-même par le pouvoir de l'illusion (māyā).*"

- **5** : "*L'âme individuelle, bien que limitée par l'illusion, conserve toujours sa nature divine.*"

- **6** : "*La libération est atteinte lorsque l'âme reconnaît sa propre nature divine, et non par l'accumulation de connaissances ou de pratiques.*"

- **7** : "*La conscience pure*, bien qu'elle semble divisée en *différentes âmes individuelles, **reste une et indivisible**.*"

- **8** : "*La réalité ultime se manifeste sous différentes formes et fonctions, mais reste une et la même dans son essence.*"

- **9** : "*L'âme individuelle, même dans son état d limitation, accomplit les cinq fonctions divines de création, de maintien, de destruction, de dissimulation et de grâce (śaktipāta).*"

- **10** : "*L'âme, en reconnaissant sa véritable nature*, se libère des illusions et des limitations du monde manifesté et **peut agir comme un être libéré dans le monde**.*"

- **11** : "*Cette reconnaissance se fait progressivement*, à travers des expériences spirituelles répétées et une conscience de plus en plus stable de la réalité ultime.*"

- **12** : "*La conscience divine, par sa propre volonté, déploie l'univers sur l'écran de sa propre conscience.*"

- **13** : "*Le monde phénoménal est une projection de la conscience divine, semblable à une image ou une peinture apparaissant sur une toile.*"

- **14** : "*La reconnaissance de cette vérité mène à une libération de la conscience individuelle des illusions du monde manifesté.*"

- **15** : "*L'âme libérée voit tout dans l'univers comme une manifestation de la Conscience divine.*"

- **16** : "*Par la méditation sur cette vérité, l'âme individuelle se stabilise de plus en plus dans la conscience de la Réalité ultime.*"

- **17** : "*Cette stabilisation se fait par un processus d'unification de la conscience individuelle avec la conscience divine.*"

- **18** : "*Le yogi utilise diverses techniques pour faciliter cette unification et pour éliminer les obstacles à la reconnaissance de sa nature divine.*"

- **19** : "*La reconnaissance de cette vérité mène à un état de félicité constante et de liberté, même au milieu des activités du monde.*"

- 20 : "*Cette réalisation finale confère au yogi des pouvoirs divins et la capacité de gouverner le déroulement des événements dans l'univers.*"

TANTRASARA

Le *Tantrasāra* est une œuvre écrite par Abhinavagupta, l'un des Maîtres les plus influents du Shivaïsme du Cachemire. Rédigé au 10ème siècle, le *Tantrasāra* (qui signifie "L'essence des Tantras") sert de condensé de son travail antérieur et volumineux, le *Tantrāloka* ("Lumière sur les Tantras").

Le *Tantrasāra* est conçu pour être une synthèse accessible des enseignements profonds du *Tantrāloka*, offrant une introduction aux concepts clés et pratiques du Shivaïsme du Cachemire et du Tantra en général.
Il traite d'une large gamme de sujets, allant de la cosmologie à des instructions détaillées sur la méditation, les rituels et les pratiques spirituelles.

Le texte présente une vision non dualiste de la réalité, affirmant que toute existence est une manifestation de la Conscience divine (Śiva) et que l'objectif spirituel est de réaliser cette unité fondamentale.
Il met en avant la notion de "spanda" (vibration divine) et "pratyabhijñā" (reconnaissance) comme des concepts clés pour comprendre et vivre cette réalité non dualiste.

Abhinavagupta y décrit divers "upāyas" (moyens) pour atteindre la réalisation spirituelle, adaptés aux différents niveaux de capacité des pratiquants. Ces moyens vont des techniques corporelles et sensorielles aux pratiques contemplatives plus subtiles.
Les pratiques incluent des méditations sur les aspects divins, l'utilisation de mantras, et des rituels spécifiques visant à cultiver la conscience de l'unité avec Śiva.

49

Le *Tantrasāra* est apprécié pour sa clarté et sa concision en 22 chapitres, rendant les enseignements du Tantra plus accessibles à ceux qui pourraient être découragés par la longueur et la complexité du *Tantrāloka*.

Il continue d'être une ressource précieuse pour les étudiants et pratiquants du Shivaïsme du Cachemire, offrant un aperçu précis et pratique des principes et méthodes de cette voie spirituelle.

Mes traductions ont visé ici aussi à rendre fidèlement les concepts spirituels du sanskrit. Les termes techniques ont été maintenus autant que possible pour préserver la richesse du texte original.

Les explications des chapitres ont été faites en gardant à l'esprit le contexte historique et "philosophique" du texte, aidant ainsi à mieux comprendre les pratiques décrites.

La structure de chaque chapitre a été respectée pour assurer que les lecteurs puissent suivre le développement des idées et des pratiques comme dans le texte original.

Les traductions et résumés ont été croisés avec d'autres travaux académiques et traductions reconnues du Tantrasāraḥ pour assurer leur exactitude.

La traduction a maintenu la clarté et la simplicité tout en préservant les nuances philosophiques et les complexités du sanskrit.

La traduction fournie est donc une tentative de rendre accessible le contenu profond et complexe du Tantrasāraḥ. Elle respecte la richesse du texte sanskrit tout en assurant une compréhension claire pour les lecteurs contemporains. La qualité de la traduction repose sur une approche équilibrée entre fidélité aux concepts originaux et clarté d'expression en français.

Premier Chapitre

1. ***Que le cœur, siège de l'essence de la béatitude suprême, s'épanouisse en moi, rayonnant avec la vibration de l'union des deux principes éternels - la Grande Mère*** *de la nouvelle création, qui repose sur la pure Lumière,* ***et le Père*** *dont le corps est rempli de splendeur, dissimulé dans les cinq visages secrets.*

2. *Il est impossible pour tous de plonger complètement dans la vaste lumière du Tantra. Écoutez donc cette essence du Tantra, écrite en termes simples.*

3. *Adorez cette fleur de lotus du cœur d'Abhinavagupta, qui s'est débarrassé de toutes limitations par le pouvoir de la Lumière des pieds de Śambhunātha et Bhāskara.*

4. *Dans cette œuvre,* ***la connaissance est la cause de la libération car elle s'oppose à l'ignorance qui est la cause de l'attachement.*** *Il existe deux types d'ignorance : celle qui réside dans l'intellect et celle qui est individuelle. L'ignorance dans l'intellect est de nature indécise ou faussement certaine. L'ignorance individuelle est de nature conceptuelle, rétrécissant la perception. C'est la cause fondamentale du samsara (cycle de la vie). Nous expliquerons cela dans la discussion sur l'impureté.*

5. *L'ignorance individuelle peut être éliminée par l'initiation, mais cette initiation ne peut se produire en présence de l'ignorance dans l'intellect, qui est de nature non résolue. Car l'initiation, qui consiste à purifier la vérité et à unir à Shiva, dépend de la certitude du rejet et de l'acceptation.*

6. *Par conséquent, **la connaissance résidant dans l'intellect est primordiale.** Cette connaissance, lorsqu'elle est pratiquée, détruit également l'ignorance individuelle car **la pratique des concepts conduit à l'état sans concepts. L'âme, de nature lumineuse et sans contrainte, est l'essence même de Shiva.** Ainsi, une connaissance fondée sur une certitude correcte à propos de tous les objets est souhaitable. Et cela est précédé par les écritures.*

7. *Les écritures divines sont l'autorité. Les autres écritures sont acceptées par cette autorité divine en tant qu'elles contiennent des vérités partielles. Le savoir enseigné par les écritures divines libère de tous les liens, contrairement aux autres. Les écritures divines comprennent cinq courants, divisés en dix, huit, et cent huit sections.*

8. *Parmi celles-ci, les six demi-écritures sont les plus essentielles. De celles-ci, la Mālinīvijaya est suprême. Son contenu ne peut être pleinement expliqué. Car **la libération vient uniquement par la connaissance véritable et pure.***

9. *La libération dépend de la connaissance pratiquée, et cette œuvre est entreprise pour cela.*

10. ***L'ignorance est la cause de l'attachement. Dans les écritures, elle est appelée impureté. Avec la montée de la connaissance parfaite, cette ignorance est complètement déracinée. Avec l'éveil de la conscience pure, toutes les impuretés sont détruites, apportant la libération.** Par conséquent, je vais révéler dans cette œuvre tout ce qui doit être connu.*

11. *Ici, la véritable nature de tout est la Lumière suprême. Car l'obscurité n'a pas de réalité propre. La Lumière n'est pas multiple, car la multiplicité de la Lumière serait due à l'entrée de la nature de l'obscurité en elle.* **Étant une seule Lumière, elle est consciente, car la Conscience révèle les objets.** *Il n'y a pas de désaccord sur ce point.*

12. *Cette Lumière n'est pas dépendante. Car être dépendante signifie être révélée par une autre lumière, et il n'y a pas d'autre lumière. Ainsi,* **la Lumière est autonome, unique, omniprésente, éternelle, et de nature omniforme.** *Sa liberté est son pouvoir de félicité (ānandaśakti), son émerveillement (icchāśakti), sa nature de lumière (citchakti), sa capacité réflexive (jñānaśakti), et sa capacité à prendre toutes les formes (kriyāśakti).*

13. *En réalité,* **cette Lumière est indépendante, non limitée, reposant dans sa propre félicité***, et de nature shivaïque. Elle se manifeste comme un individu restreint par sa propre liberté. À nouveau, elle se manifeste comme l'absolu, libre de toute limitation.*

14. **Cette liberté peut se manifester sans moyen ou avec des moyens.** *Les moyens peuvent être le désir, la connaissance ou l'action, divisés en trois catégories : śāmbhava, śākta et āṇava. Ces différents types d'union sont enseignés ici progressivement.*

15. *L'âme, de nature lumineuse et shivaïque, cache sa nature essentielle par son propre jeu libre. Ensuite, elle se manifeste de nouveau dans sa plénitude, soit progressivement, soit instantanément, selon trois*

53

divisions.

Deuxième Chapitre

1. *Nous allons maintenant expliquer l'état sans moyen (anupāya).* **Lorsque quelqu'un est touché par une puissante descente de grâce** (śaktipāta) *et qu'il comprend parfaitement une seule fois les paroles du maître,* **alors son union constante se produit sans aucun moyen**.

2. *Dans cet état, la réflexion (tarka) est la seule pratique du yoga. Comment cette réflexion se produit-elle ? On dit : Ce Seigneur Suprême, qui est de nature auto-lumineuse et propre, qu'est-ce qui peut être accompli par des moyens pour Lui ?*

3. *Ni l'obtention de sa propre nature, qui est éternelle, ni la connaissance, car il n'y a aucune possibilité d'obstruction, ni aucune pénétration, car il n'y a rien de distinct à pénétrer. Quels moyens peuvent exister alors, car il n'y a rien de distinct pour cela ?*

4. *Ainsi,* **tout cela est une seule réalité de conscience pure, non touchée par le temps, non limitée par l'espace, non ternie par les conditions, non contraint par les formes, non défini par les mots, non décrit par les preuves, et au-delà du temps et des limites de la preuve.**

5. **Par sa propre volonté, cette essence autonome et pleine de félicité réalise sa propre nature. Et cette même réalité, je suis cela, dans laquelle tout l'univers est réfléchi en moi.**

6. ***Celui qui réalise cela fermement, constamment, entre dans l'union sans moyen.*** *Et pour lui, il n'y a aucune restriction des mantras, des rituels, des méditations, ou des disciplines.*

7. *Les moyens (upāya) ne révèlent pas Shiva, tout comme un pot ne peut faire briller mille rayons de lumière.*

8. *Celui qui contemple ainsi, avec une vision noble, entre instantanément dans la Lumière auto-lumineuse de Shiva.*

9. *Ainsi, celui qui réalise avec clarté, entre instantanément dans la Lumière de Shiva, sans aucun moyen.*

Troisième Chapitre

1. *Ce principe de Shiva, qui est de nature lumineuse, a été mentionné.* ***Lorsque l'on ne peut entrer dans le cercle indivisible, on observe alors la puissance de la liberté (svātantryaśakti) et on expérimente l'union non conceptuelle (nirvikalpa) avec Bhairava.*** *Voici son enseignement :*

2. ***Tout cet ensemble de manifestations (bhāvajāta) est simplement un reflet dans le ciel de la Conscience.*** *Cela se caractérise par le fait d'être un reflet : Ce qui apparaît comme distinct, faible et mélangé avec autre chose, comme le reflet d'un visage dans un miroir, le goût dans l'eau des dents, l'odeur dans le nez, la sensation du toucher dans les organes sensoriels, ou le son résonant dans l'espace.*

3. *En effet, cette essence n'est pas réelle, tout comme le*

goût ne guérit pas de la maladie, ni l'odeur et la sensation ne sont réelles car il n'y a pas de substance et donc pas de chaîne causale. Pourtant, ils ne sont pas inexistants, comme en témoignent les sensations de nettoyage et de libération du corps. Même le son n'est pas réel, car ce n'est qu'une résonance que l'on entend. De cette manière, **tout apparaît comme un reflet dans la lumière du Seigneur Suprême (parameśvara).**

4. *Mais qu'est-ce que le bimba (source du reflet) ici ? Peut-être n'y en a-t-il pas du tout ? Si c'est sans cause, alors il n'y a pas de question sur la cause. Cependant,* **la puissance du Seigneur Suprême (parameśvaraśakti), qui est synonyme de liberté (svātantrya), maintient le reflet de l'univers. La Conscience elle-même est l'essence de tout l'univers, et c'est pourquoi le Seigneur est tout cet univers.**

5. **Cette Conscience est le lieu de manifestation de tout l'univers. De cette manière, l'univers ici est un reflet, et le Seigneur en est la Source.** *La nature essentielle du Seigneur est de contenir tout l'univers, ce qui est manifeste dans sa nature de conscience (cit).* **Cela ne peut être compris qu'en réalisant sa véritable nature. Cette réalisation n'est pas conventionnelle mais émerge de la pure Conscience.**

6. **Il existe trois principales énergies du Seigneur :** *Anuttara, Iccā et Unmeṣa. Ce triple émerveillement est symbolisé par les sons "A-I-U". De ce triple son, tout le déploiement de l'énergie (śakti) est révélé.* **Dans Anuttara réside le repos, dans Iccā réside le pouvoir, et dans Unmeṣa réside le déploiement de l'énergie créatrice.** *Ce triple émerveillement est symbolisé par les sons "A-ī-ū".*

7. *Dans cette ancienne triade, le premier son "A" est lié à l'essence lumineuse (prakāśa) et au soleil. La dernière triade est liée à la nature de repos et de plaisir (ālādā) et à la lune, sans intervention d'actions. Lorsque l'action pénètre dans la volonté, cela devient manifeste et est connu comme "ce qui est désiré et ce qui est indésirable". À ce moment-là, il y a deux divisions : l'une purement lumineuse et l'autre de repos, l'oscillation entre les deux n'étant pas claire. Cela est représenté par les sons "Ṛ-ṝ-ḷ-ḹ", qui sont neutres car ils contiennent les ombres des deux aspects.*

8. *Lorsque l'énergie de la volonté et du plaisir s'étend, les sons "e" et "o" apparaissent. De là, à nouveau, à partir de la collision des énergies de volonté et de plaisir, les sons "ai" et "au" apparaissent. Ces sons forment l'énergie créatrice et les sons "e-ai o-au". Ensuite, l'énergie créatrice se manifeste comme le point (bindu) de pure conscience jusqu'à ce qu'elle pénètre dans Anuttara.*

9. *De là, le point de conscience se divise en "Aḥ". Ainsi, les seize sons sont les graines des perceptions. Ces perceptions prennent la forme de voyelles et de consonnes. À partir d'Anuttara, les sons gutturaux (kavarga) apparaissent. Les sons palataux (cavarga) apparaissent de l'adhésion à la volonté. Les deux séries de sons (ṭavarga et tavarga) viennent de l'expansion de l'énergie (unmeṣa). Les sons labiaux (pavarga) apparaissent à partir de l'union des cinq énergies.*

10. *La volonté (icchā) a trois formes principales : ya-ra-la. De l'expansion (unmeṣa), le son "va" émerge. De la volonté triadique, les sons "śa-ṣa-sa" apparaissent, et de l'émission, le son "ha" se manifeste, résultant de*

l'union de la Source (yoni).

11. **Ainsi, le Seigneur Suprême (anuttara) est le maître du kula (kuleśvara). Et son énergie unique (kaulikī) se manifeste de l'intérieur vers l'extérieur, formant tout l'univers. Cette expansion de l'énergie se manifeste de trois manières : en tant que paix mentale (citta-viśrānti), en tant qu'éveil de la conscience (śākta), et en tant que dissolution mentale (śāmbhava). Ainsi, l'expansion est l'énergie créatrice du Seigneur pour la génération de l'univers.**

12. *Lorsque cette perception devient indivisible, le Seigneur unique avec sa source (bīja) et son énergie (yoni) manifeste l'univers. Dans la division des perceptions en groupes de huit, il y a neuf divisions principales avec la souveraineté (cakreśvara). Avec cinquante perceptions principales et quatre-vingt-une divisions par fragment, il y a douze perceptions qui complètent la plénitude du Seigneur Suprême. Ces perceptions sont appelées "śrīkālikā", et ces énergies sont les pures perceptions de la pure connaissance (śuddhavidyā).*

13. *Dans māyā, elles deviennent des sons distincts avec leurs divisions manifestes, adoptant des formes conventionnelles dans les états de pasyantī, madhyamā et vaikhari. Lorsqu'elles sont revitalisées par les perceptions pures mentionnées, elles deviennent pleines de vitalité et procurent jouissance et libération. De cette manière,* **en percevant tout l'univers comme un reflet sans distinction, on atteint la libération vivante (jīvanmukti) par l'union non conceptuelle (śāmbhava).** *Dans cet état, il n'y a aucune contrainte de mantra et de discipline, comme auparavant.*

14. *Tout l'univers brille à l'intérieur du Soi, comme une variété de créations à l'intérieur d'un miroir. La conscience, par le flux de sa propre saveur de réflexion, perçoit l'univers, mais pas le miroir lui-même.*

Quatrième Chapitre

1. ***Lorsqu'une personne purifie progressivement ses pensées pour entrer dans la nature de Shiva**, décrite précédemment,* ***l'utilité de la méthode de contemplation, qui inclut une réflexion appropriée, des écritures sacrées et les enseignements d'un maître authentique, devient évidente.***

2. *En effet, par la puissance des constructions mentales, les êtres croient qu'ils sont liés. Cette croyance est la cause de l'attachement au cycle de la vie (samsara). Ainsi,* ***la pensée discriminante est un opposant à l'attachement et peut le dissoudre, conduisant ainsi à la libération.***

3. ***Cette clarté mentale, qui transcende tous les éléments distincts jusqu'à Shiva, est de la nature de la pure conscience** (saṁvinmātra). C'est cela la réalité ultime. Cet état est le lieu de stabilité de toute existence. C'est l'énergie qui vitalise l'univers et qui est identifiée comme "je suis cela".*

4. *Cependant, ceux qui sont aveuglés par l'illusion (māyā) ne réalisent pas cet état en raison de l'absence de réflexion appropriée. Les adeptes de systèmes comme le Vaiṣṇavisme, limités par l'attachement aux éléments de passion (rajas), ne peuvent pas atteindre cette vision supérieure. Ils rejettent donc les vérités profondes et les*

59

enseignements des maîtres authentiques.

5. *Comme mentionné dans le Pārameśvara : Tous les adeptes de Vaiṣṇava, etc., sont colorés par l'attachement à la passion. Ils ne trouvent pas la vérité ultime, étant dépourvus de la connaissance omnisciente.*

6. *Ainsi, ceux qui sont touchés par une forte descente de grâce (śaktipāta) purifient leur concption mentale à travers les méthodes des écritures et des enseignements des maîtres, entrant ainsi dans leur véritable nature.*

7. *Mais est-ce que cette vérité ultime est une simple conception mentale ? Non. La vérité ultime est auto-lumineuse et omniprésente, et elle n'est pas dissoute par **la discrimination mentale** qui seulement **dissout la dualité apparente**. La vérité ultime ne dépend d'aucun moyen (upāya).*

8. *Pour ceux qui sont profondément touchés par la grâce divine, une réflexion spontanée surgit naturellement. Ces personnes sont initiées par les déesses et n'ont pas besoin de méthodes structurées. Pour les autres, la progression selon les écritures et les enseignements est nécessaire.*

9. ***L'activité du maître et des écritures est d'induire une réflexion appropriée*** *qui naît sans doute et génère des pensées similaires.* ***Cette réflexion appropriée*** *(sattarka)* ***est elle-même la contemplation*** *(bhāvanā) qui clarifie les choses obscures en les rendant manifestes.*

10. *Il n'y a pas de pratique de yoga directe, à part la pure réflexion (sattarka) et la lumière de la connaissance*

pure (śuddhavidyā). Les pratiques comme les purifications (yama et niyama) et les contrôles respiratoires (prāṇāyāma) n'ont pas d'effet direct sur la conscience. Les pratiques comme le retrait des sens (pratyāhāra) et les méditations (dhyāna) ne peuvent que raffiner les sens mais ne mènent pas à l'union avec l'objet médité.

11. **L'union avec la vérité suprême de Shiva ne peut se produire que par une reconnaissance de sa propre nature. La réflexion appropriée est la seule pratique (yoga) efficace ici.**

12. *Dans ce contexte, l'essence de toutes les pratiques comme le sacrifice (yajña), les offrandes de feu (homa), les récitations (japa), les vœux (vrata), et le yoga est que tous les éléments résident dans la conscience suprême de Shiva. Ce qui est souhaitable, c'est de fixer la conscience sur cette vérité par des pratiques symboliques telles que l'offrande de fleurs et de parfums.*

13. *L'acte de dissolution (homa) est la concentration de toutes les pensées dans la lumière de la conscience divine, où tout se dissout dans cette lumière.*

14. *La récitation (japa) est la méditation intérieure qui ignore les distinctions externes et réalise la nature de la conscience suprême comme étant intrinsèquement présente en soi.*

15. *Le vœu (vrata) est de voir l'égalité entre toutes choses, y compris le corps et les objets inanimés, en les identifiant avec la conscience suprême.*

16. *Comme il est dit dans le Śrī Nandiśikhā : L'égalité*

universelle est le vœu suprême.

17. *Ainsi, par des réflexions variées, qui sont des fragments de la connaissance pure (śuddhavidyā), on atteint l'état naturel de la vérité suprême (paramārtha).* **La contemplation sur sa propre nature est donc appelée yoga.**

18. **Le Seigneur suprême, qui est la plénitude de la conscience, a pour nature la totalité. Cette totalité est appelée** *par divers noms dans les écritures, tels que Kula,* **Hṛdaya, Spanda,** *Vibhūti, Śrīkālī, et d'autres.* **Ces noms indiquent sa nature en tant que Source et contenant toutes les énergies.**

19. **La Conscience est la Source de toute la création.** *Il est dit que* **l'univers entier est ses énergies**, *et il est impossible de les décrire toutes.*

20. *Les énergies principales sont : la suprême (parā), l'intermédiaire (parāparā), et l'inférieure (aparā), qui résument l'univers. La suprême énergie (parāśakti) est celle qui soutient et perçoit tout l'univers. L'énergie intermédiaire (parāparāśakti) perçoit la dualité et l'unité, comme un miroir réfléchissant une image. L'énergie inférieure (aparāśakti) perçoit la différenciation.*

Cinquième Chapitre

1. *Là, lorsque la conception mentale elle-même est capable de se purifier sans recours à d'autres moyens, elle se libère de l'action asservissante et, par la grâce de la connaissance pure, elle s'élève à la forme de la*

puissance suprême. Utilisée comme moyen, elle manifeste la connaissance shaktique. Cela a été déterminé dans le chapitre précédent.

2. *Cependant, lorsque cette clarté mentale dépend d'un autre moyen pour sa purification, elle perçoit des objets limités comme le mental, la respiration, le corps, etc., et manifeste la connaissance āṇava* (individuelle).

3. *Ici, le souffle intérieur est à la fois grossier et subtil, se manifestant par des actes tels que l'expiration. Le corps est ce qui est visible et ressenti intérieurement, et les objets externes comme les pots, etc., sont utilisés comme moyens externes tels que le culte des images. Nous allons maintenant enseigner la méditation appropriée ici.*

4. *En méditant sur ce **principe suprême auto-lumineux** qui **englobe tous les tattvas, dans sa propre conscience du cœur**, le méditant se transforme dans le feu de Mahabhairava alimenté par le vent de la méditation. Entouré des douze flammes de son pouvoir antérieur, il médite sur la vacuité à travers l'une des ouvertures des sens, par exemple les yeux.*

5. *Par cela, il commence d'abord à créer extérieurement sous la forme de Soma* (lune). *Ainsi, ce cercle se remplit d'une unité non différenciée avec tous les objets externes.*

6. *Puis, il doit méditer de cette manière sur les résidus des impressions. Ainsi, **celui qui médite constamment sur la création, le maintien et la dissolution, et réalise l'indépendance de sa propre conscience**, atteint immédiatement l'état de Bhairava. Par la pratique, il*

63

obtient aussi toutes les réalisations désirées.

7. *Méditez sur cette essence auto-lumineuse comprenant tous les principes, dans l'extase du cœur. Méditez sur le Seigneur entouré des douze grandes énergies sous forme de rayons dans l'espace, créant l'univers. Ainsi, le yogi réalisant l'unité de tous les objets externes et internes trouve la plénitude en soi.*

8. ***Pour élever le souffle, d'abord reposez-vous dans le vide du cœur. Ensuite, avec la montée du souffle externe, percevez l'universalité à travers l'expansion lunaire de l'apāna*** (souffle descendant). ***Libéré de tout autre désir, expérimentez la conjonction avec le souffle vital*** (samāna). ***Puis, avec la montée du feu udāna, absorbez la connaissance du sujet et de l'objet.***

9. ***Lorsque ce feu de l'absorption se calme avec l'activation du vyāna, l'univers éclatant de toutes limitations brille.*** *Ainsi, depuis le vide jusqu'à vyāna, ces repos sont appelés six niveaux de félicité : ananda, nirānanda, parānanda, brahmānanda, mahānanda, et cidānanda. Celui qui les unit expérimente un état de repos intérieur continu, l'essence de l'univers.*

10. *Dans ces niveaux de l'expir, chaque repos atteint le principe de repos au-delà du corps et du souffle. C'est le secret des graines de la création et de la dissolution.*

11. *À chaque repos, il y a cinq états en fonction du degré de pénétration : félicité du toucher de la plénitude, surgissement de l'état désincarné, tremblement dû à l'absorption, sommeil dû à la dissolution externe. De cette manière,* ***lorsque le non-soi devient le soi, en raison de son universalité, le soi devient le non-soi.***

64

Ainsi, le grand yogi atteint la réalisation ultime.

12. ***Ces niveaux de veille jusqu'au quatrième état*** *(turya)* ***et au-delà*** (turyātīta) ***existent dans l'entrée du trikoṇa, le centre du cœur, et le cercle de la kundalinī ascendante.*** *Le suprême mouvement spontané de l'expir, lorsqu'il atteint l'absence totale de sensations, se manifeste comme les trois signes que nous expliquerons plus tard.*

13. *Le principal ici est le cœur du yoginī. Le suprême mouvement spontané se manifeste comme la conjonction de contraction et d'expansion, obtenant la paix dans la forme de visarga* (émission).

14. *Au début, reposez-vous dans votre propre conscience, puis dans l'objet de la connaissance. En remplissant cela, le méditant se repose dans la plénitude et absorbe la distinction sujet-objet. Ensuite, il repose dans l'expansion. Ces six niveaux de repos avec le vide* (śūnya) *sont : prāṇa, apāna, samāna, udāna, vyāna, et l'univers dissous à partir de la veille.*

15. *Celui qui s'établit dans cette pratique croît rapidement dans la demeure de la création et de la dissolution.*

16. *Ainsi se terminent les versets internes. C'est l'expir.*

17. *Dans cet expir, le son subtil est un écho imperceptible.* ***Le son est la principale forme des graines de la création et de la dissolution.*** *Par sa pratique, on obtient la conscience suprême. Au début de "ka" jusqu'à la fin de "ma", en se souvenant ou en récitant intérieurement, on touche la vibration consciente complète, indépendante du temps et de l'espace.*

18. ***Les sons et leurs significations sont fusionnés dans la conscience suprême comme la fusion du cœur et de la gorge.*** *C'est le secret du son (varṇa). Certains disent que les sons colorés, tels que le blanc et le jaune, émergeant de la méditation intérieure, manifestent la conscience.*

19. *Sans se concentrer sur l'expression, par la vibration consciente, en réprimant les mouvements du soleil et de la lune, celui qui entre complètement dans cette vibration consciente obtient l'essence de la graine sonore et de la lettre.*

20. *Ainsi se terminent les versets internes. C'est le procédé des sons (varṇa). Nous expliquerons le procédé des mudrās dans la section sur les mudrās.*

Sixième Chapitre

1. *Maintenant, les pratiques externes. Les pratiques externes sont également appelées par le terme "préparation des lieux". Ces lieux sont de trois types : la respiration (prāṇavāyu), le corps (śarīra), et l'environnement externe (bāhya).*

2. *Pour la respiration, toutes les pratiques mentionnées ici concernent le parcours de la respiration (prāṇastha adhvā). Le temps (kāla) est perçu à travers les phases de la respiration, et ce temps est la manifestation interne du Seigneur Suprême (parameśvara). Cette manifestation est appelée la déesse Kālī, qui, par sa nature, apparaît comme des séquences ordonnées et désordonnées dans la respiration.*

3. *La conscience (saṁvid) adopte des formes distinctes des objets perçus. En raison de sa capacité à se limiter, elle devient connaissable. Elle descend avec l'enthousiasme de recevoir les objets, dominant la force de l'action (kriyāśakti) et prenant la forme de la respiration (prāṇa). La respiration, composée de cinq formes, remplit le corps et semble ainsi être consciente.*

4. *Le parcours du temps (kālādhvā) est associé à la force de l'action (kriyāśakti) dans la partie antérieure, tandis que le parcours de l'espace (deśādhvā) est lié à la diversité des formes dans la partie postérieure. Les parcours des lettres (varṇa), des mantras, et des mots (padādhvā) se situent dans le parcours du temps, ayant des formes subtiles et grossières. Le parcours de l'espace est associé aux principes (tattvas) et aux sphères mystiques (purā).*

5. *Bien que la respiration pénètre le corps dans une forme interne et externe, elle est surtout perceptible à partir du cœur. Par conséquent, c'est à partir de là que cette analyse commence. La force maîtresse (prabhuśakti), la force intérieure (ātmaśakti), et l'effort (yatna) sont les trois causes de la respiration. En raison de l'importance de la qualité (guṇa), la respiration parcourt le corps entier de trente-six doigts de longueur, mesurée du cœur à l'extrémité des douze doigts.*

6. *Dans le temps, les unités de mesure sont les suivantes : une unité de temps appelée "ghaṭikā" est composée de soixante portions (caṣaka), chaque portion correspondant à une fraction du parcours respiratoire.*

Le lever de la "ghaṭikā" se produit à intervalles réguliers.

7. *Le lever de la tithi* (jour lunaire) e*st calculé en fractions du parcours respiratoire. Une fraction de deux doigts et un quart est appelée "tuṭi". Quatre de ces fractions forment une "prahar"* (période de veille), *et chaque fraction de "prahar" est divisée en deux, représentant les crépuscules. De cette manière, le lever de la journée correspond au lever du jour et le lever de la nuit correspond au coucher.*

8. *Le lever du mois est calculé de la même manière. Le jour correspond à la quinzaine sombre (kṛṣṇapakṣa) et la nuit à la quinzaine lumineuse (śuklapakṣa). Dans cette division, le début et la fin de chaque quinzaine sont constitués de fractions de "tuṭi" avec une période de repos sans temps. Les quinze fractions de "tuṭi" représentent les tithis.*

9. *Le lever de l'année est calculé en associant la quinzaine sombre avec l'uttarāyaṇa* (mouvement vers le nord du soleil) *et la quinzaine lumineuse avec le dakṣiṇāyana* (mouvement vers le sud du soleil). *Ces périodes sont subdivisées en six parties, chaque partie représentant un mois solaire.*

10. *Les unités de temps, comme le mois, l'année, le cycle des yugas, et les périodes cosmiques plus longues, sont également associées aux divisions de la respiration.*

11. *Ainsi, le parcours du temps (kālādhvā) est entièrement perçu à travers le lever de la respiration. En observant les créations et les dissolutions variées au sein de ce parcours, on réalise sa propre divinité et atteint la*

libération.

12. *L'âme, qui est de nature consciente, voit la puissance de la respiration comme une forme qui traverse le temps. Ainsi, elle atteint l'état de Bhairava en étant constamment engagée dans le cercle de création, de maintien, et de dissolution.*

13. **En percevant la puissance de la respiration, qui réside dans l'âme consciente, avec le cercle éternel de création, maintien, et dissolution, on atteint l'état de Bhairava.**

Septième Chapitre

1. **Toute cette diversité de formes et de manifestations, générée par la puissance de l'énergie divine, est absorbée dans le corps. Ensuite, tout le parcours (adhvā) est absorbé dans la respiration (prāṇa), celle-ci dans le mental (dhī), et le mental dans le vide (śūnya), qui à son tour est absorbé dans la conscience parfaite (saṁvedana).** *Ainsi, en percevant tout cela, on évite de prendre des parties de l'univers manifesté comme étant distinctes et séparées, et on ne devient pas un gouvernant des entités comme Viṣṇu ou Brahmā. Par conséquent, il est essentiel de suivre les méthodes traditionnelles (prakriyā) pour atteindre la compréhension ultime.*

2. *Comme cela a été dit : Il n'y a pas de connaissance supérieure à la méthode.*

3. *Le principe de la terre (pṛthivī-tattva) s'étend sur des*

centaines de millions de brahmāṇḍas (univers). À l'intérieur de chaque brahmāṇḍa, il y a le feu du temps (kālāgni), les enfers (narakas), les mondes souterrains (pātālas), la terre, le ciel (svarga), et jusqu'au monde de Brahmā (brahmaloka). À l'extérieur du brahmāṇḍa, il y a une centaine de Rudras. Il n'y a pas de limite au nombre de brahmāṇḍas.

4. *Le principe de l'eau (jala-tattva) est dix fois plus grand que celui de la terre. Les principes suivants sont, dans cet ordre croissant de grandeur : feu (tejas), air (vāyu), éther (nabhas), les cinq éléments subtils (tanmātras), et les onze organes sensoriels (ākṣaikādaśa), qui se trouvent dans le principe de l'ego (ahaṅkāra).*

5. *Le principe de l'intellect (buddhi-tattva) est dix fois plus grand que celui de l'ego, et le principe de la nature primordiale (prakṛti-tattva) est mille fois plus grand que celui de l'intellect. Le principe de la nature primordiale (prakṛti) est incalculable comme le brahmāṇḍa. Le principe de l'âme individuelle (puruṣa-tattva) est dix mille fois plus grand que celui de la nature primordiale.*

6. *Le principe de la restriction (niyati) est cent mille fois plus grand que celui de l'âme individuelle. Les principes suivants, chacun dix fois plus grand que le précédent, sont : passion (rāga), connaissance impure (aśuddhavidyā), temps (kāla), et pouvoir limité (kalā).*

7. *Le principe de māyā est un million de fois plus grand que celui de compétence (kalā). Le principe de la connaissance pure (śuddhavidyā) est dix millions de fois plus grand que celui de māyā. Le principe de la souveraineté (īśvara-tattva) est cent millions de fois*

plus grand que celui de la connaissance pure. Le principe de Sādākhya est mille millions de fois plus grand que celui de la souveraineté.

8. *Le principe de l'énergie (śakti-tattva) est une infinité de fois plus grand que celui de Sādākhya, et cette **énergie (śakti) imprègne l'univers tout entier, tant à l'intérieur qu'à l'extérieur.** Le principe de l'énergie (śakti) imprègne tous les principes jusqu'au principe de Śiva. Le principe de Śiva est au-delà de toute mesure, transcendant et imprégnant tous les principes.*

9. *Les mondes (bhuvanas) situés entre ces principes sont gouvernés par les divinités résidant sur terre (pṛthivī). Ceux qui meurent dans ces mondes y sont conduits par ces divinités, et elles les élèvent progressivement, conformément aux méthodes initiatiques (dīkṣākrama).*

10. *Les divinités et leurs mondes respectifs sont les suivants : Le feu du temps (kālāgni), Kūṣmāṇḍa, Narakeśa, Hāṭaka, et Bhūtalapa dans les enfers (narakas). Brahmā, le seigneur des mondes des sages (muniloka), et Rudra au milieu des cinq brahmāṇḍas. Ananta, Kapālivahni, Nirṛti, et Bāla à l'ouest. Laghunidhi, Patividya, Adhipati, et Śambhūrdhva au sommet.*

11. *Ces seize mondes terrestres sont appelés le royaume de la non-rétrogression (nivṛttikalā). Dans l'eau (jala), les divinités sont : Lakulīśa, Bhārabhūti, Diṇḍī, Āṣāḍhī, Puṣkara, Nimeṣa, Prabhāsa, et Sureśa.*

12. *Dans le feu (tejas), les divinités sont : Bhairava, Kedāra, Mahākāla, Madhyamraja, et les huit lieux secrets : Śrīśaila, Hariścandra, Bhīma, Indraṭṭa, Vimala, Kanakhala, et Gaya.*

13. *Dans l'air (vāyu), les divinités sont : Sthāṇu, Suvarṇa, Bhadra, Gokarṇa, Mahālaya, Avimukta, Rudrakoṭi, Vastra, et Pada. Dans l'éther (ākāśa), les divinités sont : Sthūlasthūleśa, Śaṅkuśruti, Kālā, et Maṇḍalabhṛt.*

14. *Dans l'ego (ahaṅkāra), les huit mondes sont : Mākoṭa, Āṇḍa, Dvitaya, Chagala, et les autres principes de l'ego (ahaṅkāra).*

15. *Dans l'intellect (buddhi), les huit mondes sont : Deva, Yoga, Ākṛta, et Prabhṛti.*

16. *Dans la nature primordiale (prakṛti), les huit mondes sont : Prakṛti, Bhūta, et les autres.*

17. *Dans le principe de la restriction (niyati), les onze mondes sont : Rudra, et les autres.*

18. *Dans le temps (kāla), les trois mondes sont : les trois phases de la nuit (niśā).*

19. *Dans la connaissance impure (aśuddhavidyā), les vingt-huit mondes sont : Vidyā, et les autres. Dans la connaissance pure (śuddhavidyā), les cinq mondes sont : Vidyeśa et les huit mondes dans le principe de souveraineté (īśvara-tattva). Dans le principe de Sādākhya, les cinq mondes sont : Śāntā et les autres. Tous ces mondes sont situés dans le corps, la respiration, le mental, et l'espace supérieur (mahānabhas).*

20. En réalisant cela, on atteint l'état de Bhairava, rempli de plénitude. En percevant l'univers entier, avec ses divers mondes, imprégnant le corps, la respiration, le mental, et l'espace, on devient Bhairava dans toute sa plénitude.

72

Huitième Chapitre

1. *Maintenant, nous allons examiner le chemin des principes (tattvādhvā).* **Tout cet univers manifesté, rempli de diverses formes et expériences, est une manifestation de la grande lumière (mahāprakāśa)** *et représente la forme ultime de Śiva.*

2. **Les divers aspects particuliers de cet univers sont des principes (tattvas), chacun ayant des caractéristiques spécifiques.** *Par exemple, la terre (pṛthivī) est définie par la solidité, la fermeté, et la grosseur, et elle est gouvernée par des divinités telles que Kālāgni et Vīrabhadra.*

3. *Il existe deux types de relations de cause à effet parmi ces principes : absolue (pāramārthika) et conventionnelle (kalpitā). La relation absolue est celle dans laquelle le Seigneur Suprême (parameśvara), dans sa forme infinie, manifeste de manière continue les formes de Śiva et des autres principes jusqu'à la terre.*

4. *La relation conventionnelle est celle créée par la volonté (icchā) du Seigneur et est perçue comme une séquence ordonnée.*

5. **Les cinq pouvoirs principaux du Seigneur Suprême (parameśvara) sont : la conscience (cit), la béatitude (ānanda), la volonté (icchā), la connaissance (jñāna), et l'action (kriyā).**

6. **En mettant en avant ces pouvoirs, le Seigneur réside dans les cinq grands principes : le principe de Śiva (śivatattva) est dominé par la conscience, le principe**

de Śakti (śaktitattva) par la béatitude, le principe de Sadāśiva (sadāśivatattva) par la volonté, le principe de Īśvara (īśvaratattva) par la connaissance, et le principe de Vidyā (vidyātattva) par l'action.

7. *Ces principes supérieurs, appelés śuddhādhvā, incluent les principes purs : Śambhava, Śākta, Mantramaheśvara, Mantreśvara, et Mantra.*

8. *Le principe impur (aśuddhādhvā), régulé par la volonté de Īśvara, est manifesté pour les âmes limitées (aṇu) qui recherchent des expériences (bhoga). Ce principe impur est constitué de divers éléments tels que les passions (rāga), la connaissance impure (aśuddhavidyā), et le temps (kāla), et il est recouvert par les six voiles (kañcuka).*

9. ***Ces voiles créent une limitation du pouvoir et du savoir de l'âme. En retirant ces voiles, l'âme atteint la pureté (śuddhavidyā) et réalise son unité avec le Seigneur.***

10. *Les âmes endormies sont unies à cette pureté par la puissance limitée (kalā), qui leur permet d'accomplir des actions limitées.*

11. *Les divers principes sont les suivants : la terre (pṛthivī), gouvernée par les divinités locales.*

12. *Les eaux (jala), gouvernées par Lakulīśa, Bhārabhūti, et d'autres.*

13. *Le feu (tejas), gouverné par Bhairava, Kedāra, et d'autres.*

14. *L'air (vāyu), gouverné par Sthāṇu, Suvarṇa, et d'autres.*

15. *L'éther (ākāśa), gouverné par Sthūlasthūleśa, Śaṅkuśruti, et d'autres.*

16. *Les principes de l'ego (ahaṅkāra), de l'intellect (buddhi), et de la nature primordiale (prakṛti) forment la base de la création universelle.*

17. *L'ego produit les sens (indriyas) et les éléments subtils (tanmātras), qui sont ensuite manifestés en éléments grossiers (mahābhūtas).*

18. ***Les trois qualités (guṇas) - sattva, rajas, et tamas - proviennent de la nature primordiale et influencent la création et l'expérience des êtres.***

19. ***Le principe de la connaissance pure (śuddhavidyā) dissout ces qualités et ramène l'âme à sa pureté originelle.***

20. ***Le chemin des principes*** *(tattvādhvā) s'étend du principe le plus grossier de la terre au principe le plus subtil de la pureté. La réalisation de ce chemin **conduit à l'état de Bhairava, dans lequel l'âme perçoit l'univers entier comme une manifestation de sa propre conscience.***

21. *Tous les éléments, les tanmātras, et les sens, le pur Puruṣa et les voiles qui l'enveloppent, **tout cela**, jusqu'au pouvoir de la Vidyā, **est une manifestation des vagues de la conscience infinie.***

Neuvième Chapitre

1. *Maintenant, les distinctions des tattvas sont expliquées.*

2. *Ces distinctions sont expliquées en sept catégories*

selon le texte des Ṣaḍardha-śāstra. Elles sont les suivantes : Śiva, Mantramaheśvara, Mantreśa, Mantra, Vijñānākala, Pralayākala, et Sakala. Ces sept sont dotés de pouvoirs (śaktimantaḥ).

3. *Chacun de ces sept groupes possède quinze formes différentes, comprenant les éléments allant de la terre (pṛthivī) jusqu'au principe primordial (pradhāna-tattva). Leur forme propre, apte à être perçue (prameyatāyogya), repose en eux-mêmes et est révélé par la grâce de la déesse Aparābhaṭṭārikā.*

4. *Ainsi, ils sont capables de se manifester en tant que détenteurs de pouvoirs, par la grâce de la même déesse, en sept types distincts.*

5. *Les détenteurs de pouvoirs (śaktimantaḥ) se distinguent en deux catégories : les prépondérants en pouvoir et les prépondérants en éléments. Parmi les prépondérants en pouvoir, leur forme repose dans Śiva grâce à la grâce de la grande déesse Śrīmatparābhaṭṭārikā.*

6. *Ces formes sont également classées en sept types selon le nombre de porteurs de pouvoirs, allant de Śiva à Sakala.*

7. *La distinction parmi les détenteurs de pouvoirs se fait pour clarifier les différences entre les détenteurs de pouvoirs en commençant par Sakala. Pour Sakala, la forme de son pouvoir réside dans Vidyākalā (le domaine de la connaissance pure), car les pouvoirs de l'intellect (buddhi) et de l'action (karma) y sont présents, mais ne sont pas pleinement manifestés en raison de leur absence d'objet.*

8. *Pour Vijñānākala, ces mêmes pouvoirs sont présents,*

mais en état de dissolution. Leurs résidus s'éveillent progressivement en pure connaissance (śuddhavidyā) par les Mantras.

9. *Sans ces résidus, ils s'éveillent pleinement chez les Mantreśas. Chez les Mantramaheśvaras, ils prennent la forme de la volonté (icchā-śakti), et **cette volonté manifeste pleinement la nature de l'autonomie dans Śiva.***

10. *Ainsi, il existe sept distinctions principales de pouvoirs. Ces distinctions de pouvoirs créent également des distinctions parmi les détenteurs de pouvoirs, car la distinction des instruments (karaṇa) se termine en distinctions de détenteurs de pouvoirs (kartṛ).*

11. *Dans cette hiérarchie, les pouvoirs de Sakala reposent dans leur forme distinctive de Vidyākalā. Les pouvoirs de Vijñānākala, étant en dissolution, s'éveillent progressivement dans la pure connaissance par les Mantras.*

12. *Chez les Mantreśas, ils prennent la forme de la volonté (icchā-śakti) pleinement éveillée, manifestant ainsi l'autonomie complète dans Śiva.*

13. *Ceux qui atteignent la grâce (anugraha) du grand Śiva voient cette distinction se manifester dans le Seigneur suprême (parameśvara) et dans les divers porteurs de pouvoirs. Cette distinction est décrite de manière détaillée dans les écrits de l'Abhinavaguptaguru.*

14. *Pour clarifier davantage, on peut examiner la terre (pṛthivī) comme un exemple. Sa nature est éclairée par Śiva, et comme le dit la Śruti : "Cette terre est Brahman". Elle confère la réalisation à ceux qui*

méditent sur elle, étant dirigée par Mantramaheśvara.

15. *Le mantra qui représente la terre est la forme de la déité associée à la terre. Par **la pratique de la méditation (yoga)** sur la terre, on peut atteindre divers états, allant de Pralayākala à Sakala.*

16. *Ce même processus **peut être appliqué à chaque tattva**, comme la terre, pour comprendre la forme distinctive de chaque principe et leur association avec les diverses divinités et mantras.*

17. ***Chacune de ces distinctions repose finalement dans le pouvoir (śakti) suprême de Śiva.***

18. *Ainsi, à travers cette hiérarchie des tattvas, des distinctions sont établies, de la terre jusqu'au principe primordial, chacune ayant des formes et des états propres.*

19. ***Ces distinctions mènent à la reconnaissance de la nature ultime de Śiva et à l'expérience de l'unité avec Lui.***

20. *Dans cette chaîne de principes qui commence avec la terre, il n'y a pas de forme de la conscience (saṁvid) qui soit inférieure. **La Conscience est présente dans toutes les formes**, depuis l'âme individuelle jusqu'à la pleine réalisation de l'unité avec Śiva.*

21. *De cette manière, **en résidant dans chaque forme manifestée, on atteint la nature ultime de son propre être.***

Dixième Chapitre

1. Nous avons ainsi expliqué le chemin des tattvas (tattvādhvā). Maintenant, nous allons expliquer le chemin des kalās (kalādhvā). De la même manière que les tattvas possèdent des formes spécifiques à travers les différents mondes (bhuvanas), les kalās possèdent des formes spécifiques aux différents tattvas.

2. Ainsi, la kalā qui régit les différents tattvas, du plus subtil au plus grossier, est définie par la capacité de se manifester en une seule forme. Par exemple, dans la terre (pṛthivī), la kalā est appelée Nivṛtti car elle se manifeste en tant que cessation des tattvas. Dans la catégorie allant de l'eau (jala) jusqu'au pradhāna (élément primordial), la kalā est appelée Pratiṣṭhā car elle accomplit la fonction de support et de remplissage.

3. Dans la catégorie allant de Puruṣa (l'âme individuelle) à Māyā, la kalā est appelée Vidyā, car elle révèle la connaissance (saṁvid) en surpassant l'illusion. Dans la catégorie allant de Śuddhavidyā (connaissance pure) jusqu'au niveau des énergies (śaktis), la kalā est appelée Śāntā car elle apaise les vagues des limitations (kañcukas).

4. Ces quatre groupes constituent les quatre univers (aṇḍas) nommés Pārthiva, Prākṛta, Māyīya, et Śākta. Le contact entre les énergies des éléments allant de la terre (pṛthivī) jusqu'à l'énergie suprême (śakti-tattva) est complet, et ce contact est marqué par la réactivité. Ainsi, cela forme un univers (maṇḍala).

*5. **Le Śivatattva** (principe de Śiva) dépasse même cette paix (śāntātīta) car il **est sans limitation et se manifeste dans la contemplation et la dévotion (bhāvana-arcā). Le principe ultime et indépendant (para-tattva) est même au-delà des*** *kalās, car il est inconnaissable (aprameya). Ainsi, **il y a cinq kalās pour trente-six tattvas.***

6. *Les catégories des tattvas sont les suivantes :*

Prameyatva (l'état d'être objet de connaissance) est divisé en deux : grossier et subtil, ce qui fait dix tattvas.
Karaṇatva (l'état d'être instrument) est divisé en deux : pur et associé au faire (kartṛ), ce qui fait dix tattvas.

7. *Les cinq autres sont :*

Purification par le kartṛtvam (l'état de l'agent), ce qui donne cinq tattvas.
Quand les divisions se dissolvent, ce qui fait cinq tattvas en plus.
Śivatattva est le principe absolu et complet sans aucune limitation (sans avaccheda), ce qui fait trente-six tattvas en tout.

8. Ce principe ultime (para-tattva) est en fait l'endroit de la réalisation (pratiṣṭhā-pada). Quand cela est manifesté, cela devient trente-septième, et lorsqu'il est contemplé (bhāvyate), il devient trente-huitième.

9. *Cependant, il n'y a pas d'infinité ici, car cette contemplation n'a pas de fin en raison de la nature illimitée du pouvoir (svātantrya) de Śiva. Il y a ainsi trente-septième comme finalité, et trente-sixième comme le principe fondamental, indiquant que **le principe ultime (para-tattva) est à la fois au-delà de toutes les tattvas et inclus en elles.***

10. *En conclusion, le chemin des kalās (kalādhvā) est divisé en trois parties : les trois niveaux des pouvoirs, Śakti-tattva jusqu'à Vijñānākala, et au-delà c'est Śiva. Ainsi, nous pouvons déduire les neuf tattvas restants.*

11. *Le chemin des bhuvanas (univers), des tattvas et des kalās est triplement divisé en raison de la forme brute, subtile et supérieure des éléments, ce qui donne une distinction du chemin du padādhvā (mot), du mantra et du varṇa (lettre), conduisant à la complétude du pramātṛ (connaisseur), ce qui constitue la réalisation du soi (svarūpa).*

12. *Dans les seize varṇas (lettres) du mot (pada), le mantra des tattvas de la terre, Nivṛtti, Tattvārṇam (lettre du principe), l'œil de feu, la ville de nectar (rasapura), le mantra de l'arme (astra-mantra).*

13. *La lettre des sages (munitattva), le mot double, mantra, la terre des vaches et les mondes, une autre kalā, La lettre du feu (agnivarṇa), le mantra du principe unique, le monde des armées, voilà le quatrième.*

14. *Seize varṇas (lettres), le mot (pada), le mantra du principe unique et la Śāntātīta kalā, Ces trois versets ont été donnés par Abhinavagupta pour l'illustration aux disciples.*

Onzième Chapitre

1. *Cette section explique **la descente de la grâce (śaktipāta), essentielle pour obtenir la libération** (apavarga). Lorsqu'elle est évoquée dans le cadre de l'initiation (dīkṣā), il est crucial de comprendre les divers degrés de grâce divine.*

2. ***La descente de la grâce est le processus par lequel la conscience du Seigneur (śakti) descend sur l'individu, variant en intensité selon la réceptivité et la pureté de l'âme.***

3. *Ceux qui reçoivent une intense descente de grâce sont*

immédiatement libérés des attachements mondains et perçoivent la vérité ultime sans obstacle.

4. *Ceux qui reçoivent une grâce modérée doivent pratiquer spirituellement pour purifier leur cœur et atteindre la réalisation.*

5. *Ceux qui reçoivent une légère descente de grâce doivent s'engager dans une dévotion et une pratique intense pour atteindre la libération.*

6. *La grâce est également divisée en catégories selon les types de dīkṣā, mentionnées dans les écritures. Certaines initiations nécessitent une descente de grâce plus profonde, tandis que d'autres peuvent être accomplies avec un moindre degré de grâce.*

7. *Les initiations comprennent des rituels et des pratiques spécifiques variant selon le degré de pureté atteint par l'âme, utilisant la force de la grâce pour élever l'âme.*

8. ***La grâce divine est comparée à une lumière dissipant les ténèbres de l'ignorance et révélant la nature véritable de l'âme, guidant l'individu vers la libération.***

9. *Abhinavagupta souligne l'importance de la grâce dans l'acquisition de la connaissance suprême et de la libération, affirmant que **sans grâce, aucune pratique spirituelle ne peut aboutir à la libération totale.***

10. ***Les maîtres spirituels jouent un rôle crucial en initiant les disciples et en canalisant cette grâce divine, les aidant à se purifier et à se préparer à recevoir la lumière divine.***

11. ***La descente de la grâce (śaktipāta) est essentielle pour***

surmonter les limitations imposées par l'ignorance (avidyā) et les attachements mondains (saṁsāra).

12. *Ceux qui obtiennent cette grâce divine par la pratique assidue et la dévotion atteignent l'état suprême de Śiva, caractérisé par la conscience pure et la liberté totale.*

13. *En conclusion, **la grâce divine est la clé de la libération, permettant à l'âme de transcender les limitations et d'atteindre l'union avec le divin.** Abhinavagupta insiste sur la nécessité de cette grâce pour atteindre la véritable connaissance et la liberté ultime.*

Douzième Chapitre

1. *Il a été dit que l'on doit parler de la dīkṣā (initiation) et des autres rites. Par conséquent, pour expliquer la nature de la dīkṣā, il est d'abord nécessaire de discuter du snāna (**bain rituel**). Le snāna est considéré comme une **purification**, et cette pureté **est l'absorption dans la nature du Suprême Seigneur** (Parameśvara). En effet, la purification signifie l'élimination de l'impureté, et **l'impureté réside dans l'identification erronée avec des formes qui ne sont pas de la nature essentielle du Soi**, bien que celui-ci soit de nature libre, consciente et bienheureuse.*

2. *Ainsi, dans **l'essence du Soi** qui **est pure conscience et félicité indépendante**, l'identification avec des formes autres que sa propre nature est l'impureté. Cette impureté est éliminée par l'absorption dans Mahābhairava. **Cette absorption peut se produire instantanément pour certains, tandis que pour***

83

d'autres, elle nécessite des méthodes ou moyens différents. De plus, il existe des variations, selon qu'elle est partielle ou totale, immédiate ou progressive, en fonction de la capacité individuelle à recevoir cette assurance.

3. *Cette purification est divisée en huit types, correspondant aux formes de terre (kṣiti), eau (jala), vent (pavana), feu (hutāśana), éther (ākāśa), lune (soma), soleil (sūrya), et l'âme (ātman). Dans ces formes respectives, par la puissance des mantras et la consécration, le pratiquant est imprégné de la nature de Parameśvara. À travers l'unité avec ces éléments dans le corps, l'esprit se fond également dans Parameśvara.*

4. *Pour certains, la satisfaction réside dans l'usage de bains, vêtements, etc., comme moyens d'atteindre le Suprême. Comme cela est dit dans Śrīmadānanda : "La fermeté, l'accroissement, la force, la destruction de l'impureté, la pénétration, la capacité de se maintenir, et l'unité sont les principaux fruits dans ces cas."*

5. *Ces résultats sont obtenus parce que le mantra invoqué dans chaque cas revêt la forme spécifique de ces éléments. En fonction de la nécessité, il y a aussi des variations spécifiques, comme par exemple : "La poussière de guerre, l'eau héroïque, le grand vent, les cendres héroïques, l'éther du champ de crémation, la lune et le soleil, et l'âme au-delà de toute dualité."*

6. *Il y a aussi une distinction entre le bain externe et interne. Le bain externe consiste à plonger dans les divers éléments en étant unifié à eux par le mantra, tandis que le bain interne consiste à s'immerger dans la*

conscience de chaque élément, comme la terre, etc., en les intégrant dans le cercle du mantra.

7. **L'immersion dans le Suprême Bhairava est le véritable bain, mais le bain externe** *n'est pas principal ; il* **est** *considéré comme* **une simple cérémonie d'usage. Le bain principal est l'union avec le Suprême par le processus interne,** *comme mentionné précédemment : Le bain externe est considéré comme secondaire ; c'est par usage. Cependant, l'immersion dans le Suprême Bhairava est le vrai bain.*

Treizième Chapitre

1. *Alors, avec un cœur purifié, il se dirige vers le lieu du* **rituel. Ce lieu est précisément là où son cœur, rempli de grâce, devient apte à l'union avec le Seigneur Suprême.** *Ce n'est pas un autre endroit en particulier ; même en état de libération,* **c'est l'identité méditative avec ce lieu qui est la cause, rien d'autre.**

2. *La mention de pīṭhas, de sommets de montagnes, etc., dans les écritures, désigne des lieux de rituel ; il faut comprendre cela dans un sens supérieur. En ces endroits, en raison de l'habitation de puissances imprégnées par le Seigneur Suprême, des corps y sont adoptés de la même manière que des régions pieuses pour les vertueux et des régions impies pour les non-vertueux.*

3. *Le sommet des montagnes, en particulier, évite les distractions et permet une concentration unique. À l'entrée de la maison du rituel, faites d'abord le nyāsa*

général sur les mains, puis sur le corps.

4. *Avec les mantras "Hrīṁ-na-pha-hrīṁ hrīṁ-ā-kṣa-hrīṁ", associés aux puissances et à la Maṇḍala Mālinī, réalisez d'abord l'union du pouvoir, puis celle du porteur du pouvoir, de la base des pieds jusqu'au sommet de la tête, et inversement en absorbant tout.*

5. *La Mālinī est la déesse suprême dont la forme principale est liée à l'union des graines (bīja) et des matrices (yoni), et elle accomplit tous les désirs. Ce nom est approprié car il signifie l'union des puissances du Rudra, associée aux fruits des actions, et elle porte les secrets de la félicité et de la libération.*

6. *De ce fait, même un rituel brisé devient complet grâce à cette purification. De même, même un pratiquant des mantras Garuda ou Vishnu devient purifié et conduit à la libération grâce à ce nyāsa.*

7. *Après avoir fait le nyāsa sur le corps, faites le même nyāsa sur le récipient sacrificiel. Ici, la pratique du rituel sert à renforcer la perception de l'identité avec le Seigneur Suprême dans toutes les actions.*

8. *Par conséquent, pour purifier le lieu de la maison du rituel, commencez par la purification du récipient sacrificiel avec ce nyāsa, puis le nyāsa du lieu de l'adoration et enfin le nyāsa sur le corps de celui qui offre le sacrifice.*

9. *Ainsi, en suivant ce processus rituel, celui qui a été transformé en Seigneur Suprême considère toutes les actions de manière divine, sans la nécessité de connaissance ou de yoga préalables.*

86

10. *En ce qui concerne le récipient sacrificiel, après y avoir placé les offrandes de fleurs et d'encens, purifiez-les avec les gouttes du rituel. Ensuite, dans l'enceinte lumineuse, sur la terre ou dans l'espace, adorez avec le mantra "oṁ-bāhyaparivārāya namaḥ".*

11. *Puis, à l'entrée, adorez avec le mantra "oṁ-dvāradevatācakrāya namaḥ". Si vous êtes à l'extérieur d'un lieu protégé, entrez et faites les offrandes comme décrites précédemment à l'intérieur du maṇḍala.*

12. *Puis, en jetant des fleurs enchantées avec le mantra "phaṭ phaṭ phaṭ", visualisez l'élimination des obstacles et entrez. Avec le regard éclairé par la splendeur suprême du Seigneur, observez la maison du rituel.*

13. *Ensuite, celui qui cherche la libération doit se tenir face au nord, de manière à ce que les chaînes des liens soient instantanément brûlées par la splendeur de l'aghora du Seigneur. Là, l'indépendance du Seigneur Suprême se manifeste comme le principe des directions par l'apparition de formes.*

14. *Au centre, se trouve la lumière consciente, au-delà des divisions de directions, orientée vers le haut pour accepter la lumière, vers le bas pour la réflexion, à l'est pour l'apparition de la lumière, et à l'ouest pour l'acceptation de la lumière. Le quadrilatère des directions est donc :À l'est, le visage de Tatpurusha. À l'ouest, le visage d'Aghora. Au nord, le visage de Vamadeva. Au sud, le visage de Sadyojata.*

15. *Ainsi, la grandeur de la conscience se manifeste comme des formes de directions, la direction n'étant pas différente des autres principes. En souhaitant*

transcender son ombre, il progresse de l'avant vers le centre, atteignant la suprématie du Seigneur Suprême qui gouverne tout.

16. *De même que le Seigneur divise les directions, de même le soleil est aussi la puissance de connaissance divine. En chaque lieu, à l'aube, où que se manifeste l'aube, la conscience divine s'élève.*

17. *Ainsi, avec l'unité de soi-même, du soleil et du Seigneur Suprême, les enseignants d'Abhinavagupta conseillent d'adorer les directions. Après avoir pris cette position, face au nord, asseyez-vous et, en renonçant à l'ego corporel, dissolvez-vous dans la lumière divine, même en présence physique.*

18. *Ensuite, visualisez le cercle des divinités principales et secondaires autour de vous, comme enseigné. Les puissances à adorer ici sont principalement les déesses du cercle. La tradition enseigne que les neuf formes de divinités sont aussi adorées en tant que puissances.*

Quatorzième Chapitre

1. *Voici le rituel de l'initiation pour les disciples (putrakadīkṣā). Ce rituel est détaillé dans le Tantrāloka, mais nous le présenterons ici de manière abrégée.*

2. *Après avoir accompli le rituel préliminaire de Samaya, le troisième jour, on doit réaliser une offrande collective dans le mandala en forme de lotus à trois branches (triśūlābja).*

3. *On doit adorer le cortège extérieur de divinités, y*

compris les divinités des portes (dvāradevatācakra), puis procéder à l'adoration séquentielle depuis le coin est du mandala jusqu'au coin sud-est, en respectant l'ordre suivant : Gaṇapati, Guru, Paramaguru, Parameṣṭhin, les anciens maîtres (pūrvācārya), le cercle des yoginīs (yoginīcakra), Vāgīśvarī, et Kṣetrapāla.

4. *Ensuite, en recevant l'ordre approprié, on commence depuis la base du trident (śūlamūla) jusqu'au lotus blanc (sitakamala) en consacrant et en adorant tout le chemin sacré (madhvāna).*

5. *Au centre du trident, sur la ligne médiane, on adore la déesse Śrīparābhaṭṭārikā en compagnie de Bhairavanātha.*

6. *Sur la ligne médiane droite, on adore Śrīmadaparā, tandis que sur la ligne médiane gauche, on adore Śrīparāparā.*

7. *De cette manière, en établissant la présence de la déesse dans toutes les positions, tout est complété grâce à cette adhérence. Ensuite, sur la ligne médiane centrale du trident, on adore tout le cercle des divinités jusqu'aux gardiens du monde (lokapāla) sans distinction, puisque tout est ainsi adoré.*

8. *En résumé, on doit accomplir le rituel de l'offrande (tarpaṇa) et de la consécration (naivedya) avec un esprit pur, sans avarice matérielle. Si les ressources sont insuffisantes, on ne doit pas accomplir un grand sacrifice (mahāmaṇḍalayāga).*

9. *Les animaux doivent être offerts vivants, car de cette manière, ils reçoivent également des bénédictions. Par*

compassion, on ne doit pas douter du rituel impliquant les animaux.

10. *Ensuite, on satisfait le Seigneur Suprême dans le feu avec du sésame et du ghee, puis on offre un autre animal pour le sacrifice.*

11. *On adorera alors le cercle des divinités avec la graisse de cet animal, puis on procédera à l'adoration du mandala.*

12. *Ensuite, en invoquant le Seigneur Suprême, on doit se visualiser comme étant complet, intégrant tous les six chemins sacrés (ṣaḍadhvā) en soi, et placer le disciple devant soi.*

13. *En cas d'initiation indirecte, on doit visualiser le disciple comme un être mort-vivant ou placer une effigie faite de paille et d'argile devant soi.*

14. *Le disciple, après avoir été aspergé d'eau sacrée et adoré avec des fleurs, doit recevoir la consécration du chemin sacré entier en son corps.*

15. *Puis, on doit méditer ainsi : pour celui qui cherche les plaisirs, on ne purifie pas ce qui est bénéfique ; pour celui qui cherche la libération, on purifie tout, le bon et le mauvais.*

16. *Dans le cas d'une initiation sans graine (nirbīja), on purifie même les liens du Samaya.*

17. *Cette initiation doit être faite même pour ceux qui sont sur le point de mourir ou pour ceux qui sont complètement ignorants, car l'ordre du Seigneur Suprême stipule que même ceux-là atteignent la réussite simplement en étant dévoués au maître, aux*

divinités et au feu.

18. *Ici, la pratique mentale (vāsanāgrahaṇa) est ce qui fait la différence : en fonction de la tendance mentale des mantras, ils produisent des effets spécifiques.*

19. *De cette manière, en se concentrant sur les différences de tendance mentale et en méditant sur l'unité du corps du disciple avec la conscience du maître, on purifie tout le chemin sacré.*

20. *Ainsi, progressivement, en commençant du gros orteil jusqu'au sommet de la tête, en intégrant le corps du disciple avec sa propre conscience, on doit le conduire à l'unité avec l'essence de la liberté et de la souveraineté dans le réservoir de félicité infinie (ānandasarasi).*

21. *On l'intègre ainsi au cercle des divinités, imprégné de tous les six chemins sacrés, et on atteint la paix dans l'unité avec le Seigneur Suprême. Ainsi, le disciple devient un avec le Seigneur Suprême.*

22. *Ensuite, si le disciple recherche les plaisirs, on l'unit avec l'élément spécifique de ses désirs, soit de manière collective, soit individuelle. Après cela, pour la continuation des rites, on imagine son corps purifié par l'élément spécifique du Seigneur Suprême.*

23. *Ce rituel d'initiation libère le disciple de tous les liens (pāśa). Le disciple doit alors adorer le maître avec des offrandes.*

24. *Ensuite, on réalise le rituel pour le disciple dans le feu, en récitant le mantra "śrīparāmantro" avec les différentes divinités (en ajoutant "āmukasyāmukaṁ*

tattvaṁ śodhayāmīti svāhā" à la fin), et en accomplissant trois oblations pour chaque élément, la dernière étant une oblation complète (pūrṇāhuti).

25. *De cette manière, on purifie les éléments jusqu'à l'élément de Śiva, puis on accomplit l'offrande finale selon les instructions du rituel, soit pour ceux qui recherchent les plaisirs dans la place des plaisirs, soit pour la création de l'élément purifié.*

26. *Ensuite, on adore le maître avec des offrandes.*

27. *Ainsi se termine l'initiation des disciples (putrakadīkṣā), où les actions passées, présentes et futures du disciple sont purifiées, sauf une seule.*

quinzième chapitre

1. *Quand, soit de lui-même soit par l'intermédiaire d'un proche, survient une descente de la puissance divine (śaktipāta) chez celui qui est proche de la mort, alors il doit recevoir une initiation immédiate pour la libération (samutkramaṇadīkṣā).*

2. *Il faut conférer l'intégralité des voies mystiques (samastamadhvānaṁ) au disciple, le purifier progressivement, puis installer la déesse Kālarātrī, qui coupe les liens vitaux, afin de traverser les points vitaux (marmapāśa) et de placer la conscience du disciple au niveau de la fontanelle (brahmarandhra).*

3. *Ensuite, selon la méthode précédemment décrite, il faut offrir une oblation complète (pūrṇāhuti) de manière à ce que, à la fin de cette oblation, l'âme (jīva) soit libérée et s'unisse au Paramaśiva.*

4. *Pour celui qui désire jouir des plaisirs (bubhukṣu), une deuxième oblation complète doit être faite pour l'unir à la jouissance, et à ce moment-là, son âme demeure dans le corps sans sortir, il ne subsiste pas de résidu (śeṣavartanam), et il doit réciter la Brahmavidyā à l'oreille, car celle-ci, étant de nature intuitive, éveille immédiatement la conscience et provoque une prise de conscience illuminée.*

5. *Même pour les samayins et autres, il y a autorisation de réciter ce passage.*

6. *En ce qui concerne l'initiation sans semence (nirbījā dīkṣā) à accorder à un disciple ignorant ou à quelqu'un ayant reçu une descente de puissance, voici le rituel à suivre : imaginez un triangle enflammé, aux flammes terrifiantes, avec des étincelles rougeâtres s'échappant à l'extérieur et un tourbillon de vent au centre, dans votre main droite.*

7. *Placez-y légèrement une graine (bīja) et, avec une série de mantras commençant par "phaṭ" qui éveille la conscience, brûlez cette énergie de naissance. Puis, posez cette main sur la tête du disciple.*

8. *Cette initiation sans semence, pour les deux (le disciple et l'initié), devient alors capable de détruire l'aptitude à l'action propre à chaque semence.*

9. *Même pour les êtres immobiles (sthāvarā), l'initiation a été mentionnée. Imaginez un disciple allégé, placé dans l'air, flottant.*

10. *"Par le rituel de la coupure des points vitaux, si le mantra est approprié à la dissolution de la graine et à l'allégement, le Seigneur Suprême (parameśa) le*

réalisera immédiatement selon la méthode appropriée."

Seizième Chapitre

1. *Ensuite, l'initiation pour une personne absente se divise en deux types : pour les morts et pour les vivants. En ce qui concerne les morts, ceux qui ont servi leur maître, ou ont été tués lors d'un rituel magique, ou frappés par une malédiction, ou morts à un moment propice, ou ayant reçu une descente de la puissance divine (śaktipāta) à travers un obstacle sur leur chemin, ils doivent être initiés ainsi selon les instructions.*

2. *Dans le cas de l'initiation posthume, il n'est pas nécessaire de suivre les rites préliminaires habituels (adhivāsa). Le sanctuaire (maṇḍala) doit être préparé avec des mantras spécifiques pour invoquer la présence divine, en utilisant de nombreux rituels, de bons matériaux (comme des fleurs, etc.), un lieu sacré, des supports (comme des sièges, etc.), et des figures symboliques (comme un trident ou un lotus). Ces éléments, ainsi que la concentration du yogi dans la méditation, sa dévotion et sa connaissance, contribuent à invoquer la présence divine.*

3. *Lorsqu'il est présent de manière manifeste, comme l'a dit Parameśvara, après avoir adoré la divinité, en plaçant devant une effigie faite de kuśa ou d'autres matériaux, selon les instructions données par le maître, on doit percevoir cela.*

4. *En se levant du Mūlādhāra, et en saisissant fermement le pilier des canaux nerveux étendus, en l'envoyant au ciel par le nez, on désire l'étendre. En enveloppant les chemins mystiques avec des flammes denses de fumée, c'est ainsi que l'on attire les âmes désirées. Cette*

méthode est appelée Mahājāla.

5. *Par ce procédé, l'âme désirée devient d'abord asservie et attirée, puis elle est amenée entièrement ou partiellement, selon le chemin (moyen) choisi. Cela s'applique aussi bien à l'extraction d'une âme morte qu'à celle d'une âme vivante. Ce yoga, connu sous le nom de Jāla selon les enseignements de Śrīśambhunātha, est mentionné ici.*

6. *Pourquoi cela ne fonctionnerait-il pas de l'extérieur sans pratique de l'attraction ? Si l'action est sous l'influence de désirs et d'aversions, elle ne peut se produire que par l'infusion de puissance divine. Par conséquent, en raison de l'influence de l'ordre cosmique, il peut y avoir un besoin de pratique. Cependant, ici, en raison de l'infusion de la nature divine bienveillante de Parameśvara, cela devient possible. Parameśvara, par l'intermédiaire du corps du maître, accorde la grâce à ceux qui la reçoivent. Cela est généralement considéré comme ayant une puissance inconcevable.*

7. *Ainsi, l'âme attirée par la méthode de Jāla devient incarnée dans un corps fait de darbhā, de jātīphala, etc., et ne bouge pas en raison de l'absence de l'ensemble des composants de l'esprit et du prāṇa. Cependant, par la force de la méditation, elle peut bouger même dans cet état, et recevoir des impressions (saṁskāra) comme un nouveau-né jusqu'à la fin du rituel de pūrṇāhuti.*

8. *Ici, par la pūrṇāhuti, la forme faite de darbhā, etc., doit être dissoute dans le feu divin. Ainsi extrait, il est libéré par la pūrṇāhuti, qu'il soit resté dans le ciel, l'enfer, le monde des esprits ou des animaux.*

9. *Cependant, pour les humains, au même moment, ils acquièrent la connaissance, le yoga, l'initiation ou la discrimination, car ils possèdent un corps apte (adhikāri). C'est cela la libération des morts.*

10. *Pour un vivant qui reçoit une descente de puissance divine (śaktipāta) en absence, ce même procédé est utilisé, à l'exception de la création d'une forme de darbhā et de l'attraction de l'âme.*

11. *Le saṃskāra est établi par la simple méditation. L'initiation (dīkṣā) accorde à la fois le plaisir et la libération. En raison de la force des tendances personnelles (vāsanā), la coupure des tendances vers le plaisir est considérée comme improbable. Par conséquent, le saṃskāra de l'initiation répétée (mūrdhvaśāsana) est puissant, tandis que d'autres sont faibles pour établir ce saṃskāra.*

12. *Pour l'initié absent, il en va de même pour la manifestation de la connaissance, etc.*

13. *Grâce à la solidité de l'infusion de la nature divine de Parameśvara, le maître (guru) possédant l'indépendance peut initier une personne absente. Qu'y a-t-il d'étonnant à cela ?*

Dix-septième Chapitre

1. *Dans les systèmes de doctrine Vaiṣṇava et autres traditions de droite, ceux qui y adhèrent et ont pris leurs vœux, ainsi que ceux qui, bien que suivant les doctrines les plus élevées, se sont soumis à des maîtres de doctrines inférieures sans autorisation, doivent, lorsque la puissance divine (śaktipāta) descend sur eux, suivre cette procédure :*

2. *Ce jour-là, il doit avoir observé un jeûne et, un autre*

96

jour, il doit adorer la divinité avec des mantras communs et écouter les activités associées de la divinité.

3. *Ensuite, il doit être introduit devant la divinité, prendre les vœux devant elle, puis être immergé dans l'eau. Ensuite, il doit se purifier en se baignant.*

4. *Puis, après avoir été aspergé, il doit être purifié avec des herbes carudanta et des bois sacrés.*

5. *Ensuite, les yeux bandés, il doit être introduit et l'adoration de Parameśvara doit être effectuée avec le mantra commun.*

6. *Ensuite, dans un feu consacré avec le mantra commun et rendu divin, il doit accomplir la purification des vœux en récitant "j'offre ceci pour la purification des vœux" et offrir des oblations, en répétant le mantra cent fois, se terminant par "svāhā".*

7. *Ensuite, il doit accomplir la pūrṇāhuti avec le mantra "vauṣaṭ".*

8. *Après cela, en invoquant le seigneur des vœux et en l'adorant, il doit écouter les instructions divines "à partir de maintenant, tu n'as plus rien à faire pour toi-même, tu es son serviteur".*

9. *Après cela, il doit offrir des libations, puis dissoudre le feu.*

10. *Ensuite, il doit suivre les rituels préliminaires comme avant. L'initiation doit être effectuée selon le désir.*

11. *Même s'il est en position inférieure, celui dont l'esprit est propulsé par l'intense puissance divine et qui a été initié doit, après avoir été purifié, recevoir l'initiation, bien qu'il ait auparavant suivi un mauvais maître.*

Dix-huitième chapitre

1. *Le Guru devrait consacrer par ablution ou aspersion d'eau quelqu'un qui a bien pratiqué sa Connaissance, afin qu'il devienne un sādhaka ou un Guru. Pourquoi ? Parce que, même dépourvu de toutes caractéristiques, seul un possesseur de Connaissance est autorisé pour la sādhakahood (la quête des pouvoirs surnaturels) et l'octroi de la Grâce (Guruhood), et non une autre personne, même si elle a été consacrée.*

2. *En conférant son autorité à un disciple, un Guru n'encourt pas de péché, même s'il n'effectue pas d'initiation, etc. Mais avant cela, avant de déléguer son autorité à un disciple, son omission d'effectuer l'initiation, etc., entraîne une connexion avec le péché en raison d'un lien avec l'autorité de la part du donneur de l'état de Vidyeśa.*

3. *Celui qui a été ainsi consacré en tant que Guru doit accomplir le vœu de Connaissance en pratiquant le japa (murmurer un mantra), le homa (offrir des oblations dans le feu) et des cultes spéciaux chaque jour pendant six mois. Pourquoi ? Pour atteindre l'identité ou l'union avec la divinité du Mantra.*

4. *Immédiatement après cela, une fois l'état d'identité avec Cela (la divinité du Mantra) atteint, ce tout nouveau Guru a l'autorité pour accomplir l'initiation, etc.*

5. *Dans ces circonstances, il ne doit pas initier ceux qui ne sont pas en forme, ni éviter quelqu'un qui est en forme. Lorsqu'il donne la Connaissance, le Guru doit également inspecter soigneusement l'initié.*

6. *Après avoir appris que quelqu'un a même obtenu la Connaissance au moyen de la tromperie, le Guru devrait ignorer cela. Ici, le culte de la divinité, etc., doit être effectué selon la richesse investie dans la consécration.*

7. *Il y a la participation au sādhakahood ou au Guruhood dans le cas de quelqu'un qui, ayant une connaissance bien pratiquée, possède l'autorité sur ses propres objectifs et les objectifs des autres. Par conséquent, cette consécration doit lui être donnée.*

Dix-neuvième chapitre

1. *Après la mort de ceux qui se trouvent dans les ordres inférieurs, même s'ils sont Gurus, on doit accomplir une initiation appelée "dernier sacrement" (āntyasaṁskārā) en raison de la descente de la Grâce (śaktipāta) évoquée par la résurrection des morts. Ceci s'applique également à ceux des ordres supérieurs qui ont enfreint les règles ou n'ont pas effectué les expiations. C'est le commandement du Seigneur Suprême (parameśvara).*

2. *Dans ce contexte, le rituel de résurrection des morts doit être exécuté intégralement sur le corps. Après l'offrande complète (pūrṇāhuti), le corps du défunt est incinéré. Pour ceux qui sont ignorants et pour leur conviction, on doit effectuer les rites funéraires avec des pratiques de foi forte.*

3. *Pendant ce processus, à travers des mantras récités dans un ordre spécifique, on doit exécuter des actions telles que la fermeture des yeux, la perforation et la friction des articulations du corps, en suivant la*

méthode de circulation de l'énergie vitale (prāṇasañcārakrameṇa) du cœur à la gorge et au front, ce qui fera trembler le corps du défunt.

4. *Ensuite, en liant le corps au Seigneur Suprême (paramaśiva) et en le consumant avec l'offrande finale (pūrṇāhuti), on peut effectuer l'initiation funéraire pour les purs et pour les autres à travers le śrāddha.*

5. *Cette initiation doit être effectuée pendant trois jours consécutifs, le quatrième jour, chaque mois, chaque année.*

6. *Dans ce contexte, après avoir effectué le rituel jusqu'à la fin avec l'offrande, on place l'offrande (naivedya) dans une main, en méditant sur l'énergie sous forme de semence, assimilée à la force consommable des animaux, et on l'offre au Seigneur Suprême qui est le consommateur ultime. Ainsi, lorsque l'état de "consommable" prend fin, le Seigneur devient le maître.*

7. *Pour les rites tels que l'initiation funéraire, la résurrection des morts et le śrāddha, bien que l'objectif soit atteint par l'un ou l'autre de ces rites, le désir de jouissance nécessite une multitude d'actions pour obtenir des résultats fructueux, et donc tout doit être accompli.*

8. *Même pour le mumukṣu (celui qui cherche la libération), ces pratiques doivent être effectuées quotidiennement pour réaliser l'union avec Cela (le Suprême).*

9. *Pour celui qui connaît la Vérité (tattvajñāninaḥ), aucun des rites tels que les derniers sacrements ou le śrāddha ne sont utiles. La mort de celui qui connaît la Vérité est considérée comme une journée de célébration, et l'accomplissement des rites pour la continuité de la*

Connaissance se réalise simplement par la conscience pure et unique.

10.*Par conséquent, comme la journée où il obtient la Connaissance, sa mort est aussi un jour de transmission de la Connaissance.*

11.*Dans tous ces contextes, les rites du śrāddha, etc., le culte de l'idole est primordial, comme le stipule le śrīsiddhāmata (la doctrine sacrée), et ce rituel sera expliqué dans la révélation des pratiques occasionnelles (naimittikaprakāśane).*

12.*Le Seigneur Suprême (Śiva), qui est favorable et bienveillant, gratifie celui qu'il choisit par sa grâce et devient ainsi le Maître Suprême. Pourquoi cela serait-il surprenant? Connaissant la nature véritable de l'unique Seigneur, l'adepte sage ne doute pas, même dans les moyens limités, car il connaît la plénitude de l'unique Seigneur.*

Vingtième chapitre

1. *Ensuite, un autre sujet concernant la pratique continue.*

2. *L'initiation destinée à la réalisation des rites de purification pour ceux qui sont aptes à la connaissance, ainsi que l'initiation pour la libération pour ceux qui ne sont pas capables, est effectuée avec des semences.*

3. *Après cela, le Guru doit enseigner au disciple la pratique continue pour toute sa vie. Cette pratique continue se divise en trois types : quotidienne, occasionnelle et motivée par le désir. La dernière concerne uniquement le sādhaka et ne sera pas discutée*

ici.

4. *Parmi les pratiques quotidiennes, il y a la réalisation continue de l'union avec le divin, et parmi les pratiques occasionnelles, il y a le culte quotidien au crépuscule, la réalisation de rituels spécifiques les jours propices, et ainsi de suite. Même cela, certains considèrent comme quotidien, en raison de sa régularité temporelle.*

5. *Les pratiques occasionnelles incluent les événements tels que la visite du Guru ou de son entourage, le jour de l'acquisition de la connaissance, et ainsi de suite.*

6. *Parmi ces pratiques, le culte régulier, le culte au crépuscule, le culte du Guru, les rites des jours propices, et le rituel pavitraka sont obligatoires.*

7. *Les pratiques occasionnelles incluent également l'acquisition de la connaissance, l'obtention des écritures, la visite du Guru ou de son entourage, les rites de naissance, les fêtes mondaines, les explications des écritures, les visions divines, les rassemblements, les instructions en rêve, et les réalisations des samayins. Tous ces événements sont des occasions pour des rituels spéciaux.*

8. *Pour un disciple initié, le Guru donne le mantra principal, puissant et lumineux, par transmission orale, et ce disciple doit pratiquer la méditation pour atteindre l'union avec le divin.*

9. *À travers cette pratique continue au crépuscule et en adorant quotidiennement le Seigneur Suprême sur une tablette ou un lingam, le disciple peut réaliser cette union.*

10. *En méditant sur l'image pure du Seigneur dans le cœur ou sur la tablette, et en le voyant comme une forme reflétée, il doit l'adorer avec des offrandes, des fleurs, des parfums, de la nourriture, des encens, des lampes, des chants, des instruments de musique et des danses, afin d'atteindre sans doute l'union avec le divin.*

11. *En voyant constamment son propre visage dans un miroir, on acquiert rapidement la certitude de sa propre forme. Il n'y a pas d'autre méthode que celle-ci pour réaliser l'union avec le divin.*

12. *Pour celui qui est immergé dans l'union avec le mantra suprême, sans tache de désir animal, libéré de tous les liens, son cœur réside en permanence dans le divin. C'est l'objectif ultime, selon nos Gurus.*

13. *Les sages en quête de la révélation ultime adorent la déesse suprême avec des offrandes divines, nettoyant les cinq sens avec la beauté de la perception.*

14. *Ils offrent des fleurs naturelles imprégnées de leur propre parfum et adorent jour et nuit la déesse et le Seigneur Suprême dans le temple de leur propre corps.*

15. *Le rituel du cercle divin doit être exécuté en visualisant les significations des deux versets précédents.*

16. *Ensuite, on montre les mudras, récite des mantras et offre tout à l'unité divine. L'offrande principale doit être consommée par soi-même ou jetée dans l'eau.*

17. *Lorsqu'on jette les restes dans l'eau, les créatures aquatiques, qui ont été initiées antérieurement, consomment ces offrandes, ce qui est conforme aux écritures. La consommation par des animaux tels que*

des chats, des souris ou des chiens entraîne des doutes et conduit à l'enfer.

18.*Ainsi, même un sage désireux de guider le monde ne doit pas agir de cette manière, mais il doit rester retiré du monde et suivre le rituel de l'autel.*

19.*Dans le culte du lingam, on ne doit pas installer le lingam avec des mantras secrets, mais effectuer le rituel selon la méthode antérieure. On doit adorer le lingam, qu'il soit déjà installé ou non, avec une invocation et une dissolution rituelle.*

20.*Ensuite, en établissant le corps du Guru, le propre corps, le corps de la déesse, les écritures secrètes, les récipients héroïques, les perles, les matériaux dorés, les fleurs, les parfums et autres objets agréables, on doit adorer le lingam. Grâce à la force de ces supports, on réalise la perfection des mantras.*

21.*Les maîtres des écritures disent que la réalisation des mantras dépend de la qualité des supports, et ainsi, dans chaque cas, le support est considéré comme principal.*

22.*Le rituel des jours propices : Les jours propices sont classés en six catégories selon la complétude du rituel : général, commun, spécifique général, spécifique commun, particulier et particulier spécifique.*

23.*Les jours généraux sont le premier et le cinquième jour de chaque mois. Les jours communs sont le quatrième, le huitième, le neuvième, le quatorzième et le quinzième jour de chaque quinzaine. Les jours spécifiques généraux sont les jours où il y a une combinaison particulière de constellations ou de planètes appropriées, comme mentionné dans les écritures.*

24. *Les jours spécifiques incluent la première nuit de Mārgaśīrṣa, la neuvième nuit de la moitié sombre de Pauṣa, la neuvième nuit de la moitié sombre de Māgha, le milieu de la journée de Phālguṇa, la douzième nuit de la moitié lumineuse de Caitra, la treizième nuit de la moitié lumineuse de Vaiśākha, la huitième nuit de la moitié sombre de Jyaiṣṭha, la première nuit de Āṣāḍha, le début de la journée de Śrāvaṇa, la onzième nuit de la moitié sombre de Bhādrapada, le milieu de la journée de la sixième nuit lumineuse de Āśvayuja, et la première nuit de la neuvième nuit lumineuse de Kārttika. Ces jours sont considérés comme particulièrement propices.*

25. *Les jours particuliers spécifiques incluent des combinaisons spécifiques de constellations, telles que Citrā et Candra, Maghā et Jīva, Tiṣya et Candra, Pūrvaphālguni et Budha, Śravaṇa et Budha, Śatabhiṣak et Candra, Mūla et Āditya, Rohiṇī et Śukra, Viśākhā et Bṛhaspati, et Śravaṇa et Candra. Si ces combinaisons se produisent dans l'ordre des mois, à l'exception de Āśvayuja, elles sont considérées comme particulièrement propices.*

26. *En cas de combinaison différente, les sages considèrent cela comme un jour moins propice. Les rites de consécration sont de première importance ces jours-là, car ils sont considérés comme des jours principaux de rites sacrificiels.*

27. *Dans les cérémonies du cercle divin, les principales personnes à adorer sont le Guru, les membres de son entourage, les disciples avancés, les femmes sages et*

105

les déesses représentées par des femmes initiées. Le Guru, entouré de ses disciples, s'assoit au centre, et les disciples et les déesses sont placés autour de lui en ordre. Ensuite, avec des parfums, des encens, des fleurs, etc., on effectue le culte rituel. Ensuite, en méditant sur le récipient comme la forme de Śiva, on le remplit de nectar divin et on offre l'adoration à la déesse comme forme de Śiva. Puis, on fait des offrandes aux déités du cercle divin et on complète le rituel avec des libations intérieures et extérieures.

28. *Après avoir établi le récipient divin, on offre les libations aux déités du cercle divin, puis on fait les offrandes pour soi-même. Si aucun récipient n'est disponible, on utilise une coquille de noix de coco ou les deux mains. Les déités comme Vetāla et Guhyaka sont satisfaites avec les libations de gouttes d'eau. Ensuite, on distribue les restes des offrandes aux participants dans une salle secrète en utilisant des noms de code pour désigner les déités.*

29. *Le rituel pavitraka : Ce rituel est essentiel pour tous les sacrifices. Il est effectué selon les instructions des textes sacrés comme le Śrīratnamālā, le Triśiromata et le Śrīsiddhāmata. Selon le Tantrāloka, sans pavitraka, tout est vain. Ce rituel commence après la pleine lune de Āṣāḍha et se poursuit jusqu'à la pleine lune de Kārttika. Les érudits du Nityātantra le pratiquent le quinzième jour de la moitié sombre de Kārttika. Les érudits du Bhairavakula le pratiquent le quinzième jour de la moitié lumineuse de Māgha. Les érudits du Tantrasadbhāva le pratiquent le quinzième jour de la moitié sombre du Dakṣiṇāyana.*

30. *Le pavitraka peut être fait d'or, de perles, de pierres précieuses, de fil de coton, de feuilles de kuśa, etc. Il doit être fait en fonction du nombre de principes (tattva), avec des nœuds représentant les différentes lettres, les principes, les mondes, les mantras, etc. On en fait un pour le cœur, un autre pour le nombril, un autre pour la gorge et un autre pour la tête. Ainsi, quatre pavitrakas sont offerts au Seigneur, au Guru et aux adeptes en pensant qu'ils remplissent et complètent tous les sentiers.*

31. *Après cela, un grand festival est organisé pour trois ou sept jours, selon la capacité. Si possible, ce rituel doit être fait chaque mois ou au moins une fois tous les quatre mois. Si omis, une expiation doit être faite. Même les sages doivent pratiquer ce rituel pour éviter de tomber dans le péché de négligence. Selon les écritures, si une personne, même après avoir obtenu la connaissance, néglige le rituel pavitraka, elle doit faire une expiation.*

32. *Le rituel de la lecture et de l'explication des écritures : On doit demander au Guru complet en toutes écritures de donner une explication. Le Guru doit expliquer les écritures appropriées à ses disciples ou à d'autres disciples, en adaptant les enseignements selon la capacité et la disposition des auditeurs. Même ceux qui appartiennent aux ordres inférieurs doivent écouter avec dévotion et discipline.*

33. *Le rituel commence par dessiner un lotus ou une figure carrée sur le sol, en invoquant les divinités de l'écriture et en offrant des oblations. Ensuite, le Guru commence l'explication en suivant les principes des écritures et en*

harmonisant les sections précédentes et suivantes du texte. L'explication se poursuit jusqu'à la fin de la section ou du chapitre. À la fin, des offrandes et des libations sont faites.

34. *Le rituel de purification pour les infractions : Même ceux qui sont fermement établis dans la connaissance doivent suivre les règles de conduite pour guider les autres. Ceux qui ne connaissent pas la Vérité doivent faire une expiation pour les infractions. Ne pas le faire entraîne des conséquences graves.*

35. *Le rituel de vénération du Guru : À la fin de tous les rituels, la vénération du Guru doit être effectuée le jour suivant, car il n'a pas été vénéré en tant que principal au cours du rituel. En faisant cette vénération principale, on évite de tomber dans le piège de l'autorité. On doit dessiner une svastika, installer un siège en or, et vénérer le Guru avec des offrandes complètes, en méditant sur lui comme la forme du Seigneur Suprême. Ensuite, on fait des offrandes et des libations, et le Guru consomme les restes des offrandes. Ensuite, on procède au culte du cercle divin.*

36. *Ainsi se conclut le rituel de vénération du Guru. En pratiquant les rites quotidiens et occasionnels sans tromperie, même sans la pratique de la connaissance et du yoga, on atteint la libération simplement par la conduite correcte.*

Vingt-et-unième chapitre

1. *Ainsi, toutes les pratiques quotidiennes et occasionnelles ont été expliquées. Maintenant, discutons de l'autorité de cette doctrine.*

2. ***Dans l'univers constitué de pure conscience, où la conscience est de nature réflexive et où cette réflexivité prend la forme du langage, la réflexion sur les différentes relations entre les actions et les résultats dans l'univers constitue les écritures.***

3. *En effet, **l'ensemble des écritures n'est rien d'autre que l'expression de la nature du Seigneur Suprême**. Ces écritures visent à obtenir un seul résultat pour une seule catégorie d'adeptes, bien que, grâce à la puissance de la loi divine, elles se manifestent de diverses manières selon les traditions des gens.*

4. *Certains, influencés par les distinctions apparentes créées par Māyā, suivent les écritures védiques et autres doctrines similaires.*

5. *D'autres, cherchant la libération, adhèrent à des doctrines comme le Sāṅkhya et le Vaiṣṇava.*

6. *D'autres encore, se concentrant sur la véritable nature de Śiva, suivent des doctrines telles que le Śaiva Siddhānta.*

7. *D'autres, reconnaissant la nature omniprésente du Seigneur Suprême, suivent des doctrines telles que le Mataṅga.*

8. ***Quelques-uns, très rares, réalisent la nature du Seigneur Suprême, pure conscience, omniprésente et libre de toute limitation, comme enseigné dans la tradition du Śrī Trika.***

9. *Certains, en abandonnant progressivement les doctrines antérieures, atteignent la réalisation ultime à*

partir d'une seule doctrine.

10. ***Même si l'on considère les diverses doctrines comme distinctes, elles ont toutes un seul but et sont toutes l'œuvre d'un seul Seigneur.***

11. *Leur autorité réside dans leur capacité à fournir une connaissance partielle qui ne contredit pas les autres doctrines.*

12. *Comme dans le cas des Védas, où la purification varie selon les rites, il existe une supériorité dans les résultats selon les pratiques.*

13. *Les différences de tradition, comme dans les Upaniṣads et les Bhāgavata, bien qu'ayant des auteurs distincts, sont toutes reconnues par des autorités telles que Yājñavalkya, et donc leur autorité est établie par la reconnaissance.*

14. *Certaines doctrines procurent des résultats visibles immédiatement, comme la jouissance, tandis que d'autres, offrant des fruits invisibles comme l'union avec Śiva, sont suivies par ceux qui cherchent ces résultats spécifiques.*

15. *Dans ce monde plein de croyances, chaque personne adopte la tradition qui correspond à sa propre nature.*

16. ***Il est donc essentiel d'accepter l'autorité des écritures et de choisir celle qui promet les résultats les plus élevés.***

17. ***Les sages, en réalisant que la lumière de la conscience est la réalité ultime, méditent ainsi et considèrent les écritures comme l'essence de cette conscience, les adoptant comme leur guide suprême.***

18. *Tout comme dans les transactions mondaines bien établies, tout le monde agit sans aucun doute, de même, en suivant une tradition bien acceptée, on atteint la*

libération et réalise la nature suprême du Seigneur Śiva.

Vingt deuxième chapitre

1. *Ensuite, cette pratique d'adoration est expliquée selon la méthode kaula pour les adeptes qualifiés qui sont fermement établis dans les impressions mentales appropriées. Il est dit dans le contexte du mouvement yogique que :*
2. *La béatitude est Brahman, résidant dans le corps, divisée en trois parties et située à la fin de l'existence. Ceux qui ne suivent pas le célibat sont privés de béatitude à cause de leur abandon. Ceux qui se nourrissent artificiellement sont exclus du cercle sacré. Les deux se retrouvent dans les terribles enfers. Par conséquent, on doit adopter cette position.*
3. *Selon cette méthode, il y a six types d'adoration kaula : externe, en utilisant la śakti, dans son propre corps, en union, dans le souffle, et dans la conscience. Chacun est supérieur à celui qui le précède, le précédent étant destiné à plaire. Pour ceux qui cherchent la réalisation, les deuxième, quatrième et cinquième doivent être toujours pratiqués. Le sixième est principal pour le mumukṣu (celui qui cherche la libération). Les autres doivent être pratiqués selon les occasions pour compléter les rites.*
4. *Dans l'adoration externe, on utilise une tablette sacrée, un récipient héroïque, un tissu rouge ou même un lingam, comme décrit précédemment. Sans avoir besoin de bains rituels, la pureté est obtenue par la béatitude totale. Premièrement, en méditant sur l'union du souffle*

et de la conscience avec le corps, en récitant le mantra vingt-sept fois sur la tête, la bouche, le cœur, les parties secrètes, selon l'ordre inverse, la plénitude de l'univers est réalisée en Parameśvara, dans l'aspect suprême, intermédiaire et inférieur.

5. *Les vingt-sept principes, de Māyā à Pṛthivī, incluent les cinq principes de Brahma, représentant les aspects instantané, non manifesté, manifesté, etc., sont énoncés par Śrīmallakuleśa. Dans l'aspect suprême, les cinq énergies sont Parameśvara. Ces cinq énergies, bien qu'apparaissant distinctes, sont en fait une seule énergie. Par cette plénitude, en récitant le mantra de la conscience, on atteint l'union avec Paramaśiva, éliminant tout autre.*

6. *En méditant sur le cercle rituel, on remplit le récipient avec l'énergie de la conscience, en adorant avec des offrandes, et en purifiant les parties du corps avec le mantra. Ensuite, on médite sur le siège formé par les trois énergies à la fin de Māyā. Au-dessus, la déesse de la conscience est méditée, et tout est vu comme étant imprégné de conscience.*

7. *Ainsi, par cette méthode, l'univers tout entier est imprégné de conscience. Ensuite, en offrant des parfums, des fleurs, et autres, en méditant sur sa propre dissolution, en récitant des mantras, et en immergeant le tout dans l'eau, on achève l'adoration externe.*

8. *L'adoration avec la śakti :*

9. *Dans cette méthode, les énergies de la śakti et des héros s'éveillent mutuellement, entraînant la création et la dissolution, avec l'énergie pure de Parameśvara. Cette méthode est expliquée en détail. Le cercle est rempli par l'énergie de la śakti. Par l'union de la conscience,*

112

l'énergie de création est méditée au centre du cercle.

10. *Dans son propre corps, l'adoration suit la même méthode. Ensuite, en méditant sur les chakras à partir du brahmarandhra, on réalise l'union.*

11. *L'adoration en union :*

12. *Dans cette méthode, les énergies des partenaires sont vues comme identiques, indépendamment de leur âge, caste, etc. En raison de leur union, l'adoration mutuelle et la béatitude sont réalisées. Le cercle rituel est adoré avec des offrandes extérieures et intérieures.*

13. *En réalisant l'union dans le souffle, on atteint l'union complète avec le cercle. En réalisant la nature de ses propres plaisirs, les déesses des sous-chakras atteignent le chakra principal. Par la pleine réalisation de la conscience, le cercle intérieur devient le cercle extérieur, et ainsi, l'adoration est réalisée.*

14. *L'adoration dans la conscience :*

15. *En méditant sur l'union des énergies du mantra, on atteint la libération tout en vivant. Ceux qui comprennent cela sont libérés dans les écritures, et réalisent la vérité suprême. En unissant les énergies du souffle et du feu, on atteint l'union parfaite.*

16. *Conclusion :*

17. *Ainsi, en suivant l'un de ces types d'adoration, l'adepte, purifié par une foi inébranlable, peut recevoir l'initiation sans aucun obstacle. La septième et la plus élevée de ces méthodes est l'adoration du Guru, qui complète toutes les autres.*

18. *En conclusion, cette pratique a été exposée par le vénérable Maître Mahāmāheśvarācārya Śrīmadabhinavagupta.*

113

MALINIVIJAYOTTARATANTRA

Le *Mālinīvijayottara Tantra* est souvent associé à l'école Kaula du Shivaïsme du Cachemire, bien qu'il présente des enseignements qui ont une portée et une application généralistes dans la tradition tantrika. Sa focalisation sur des pratiques rituelles ésotériques, l'importance accordée à la Śakti (énergie divine), et ses instructions sur l'utilisation de moyens externes et internes pour la réalisation spirituelle le relient étroitement aux principes de l'école Kaula.

L'école Kaula est réputée pour son approche intégrative qui embrasse tous les aspects de l'existence, y compris ceux qui sont souvent considérés comme profanes ou non spirituels, dans la voie vers la libération. Le *Mālinīvijayottara Tantra* reflète cette approche en traitant des moyens de réalisation qui englobent la vie quotidienne, les émotions, et le corps, tout en maintenant l'objectif de la reconnaissance de soi comme Śiva, la conscience universelle.

Le *Mālinīvijayottara Tantra* est un texte clé du Shivaïsme du Cachemire. Faisant partie des 64 Bhairava Tantras, il est considéré comme l'un des textes les plus importants pour comprendre les enseignements du Shivaïsme non dualiste.

Le *Mālinīvijayottara Tantra* est un dialogue entre Shiva (sous l'aspect de Bhairava) et sa consort, Shakti (sous l'aspect de Bhairavi), où Shiva révèle les secrets de l'univers, les moyens de réalisation spirituelle, et la manière de vivre une vie libérée tout en étant engagé dans le monde.
Il aborde une large gamme de sujets, y compris la cosmologie, la méditation, les rites et rituels, l'éthique et la conduite

spirituelle, et les moyens (upāyas) pour atteindre la réalisation du Soi.

Le texte souligne la vision non dualiste de la réalité, où tout ce qui existe est une expression de la Conscience divine (Śiva) et de son énergie dynamique (Śakti).
Il présente une métaphysique où la création, le maintien, et la dissolution de l'univers sont vus comme des jeux (lila) ou des manifestations de la puissance divine.

Le *Mālinīvijayottara Tantra* décrit diverses pratiques spirituelles destinées à aider le pratiquant à réaliser son identité avec Śiva. Ces pratiques incluent des méditations profondes, des techniques de respiration, des mantras, et des rituels spécifiques.
Il accorde une importance particulière à la puissance de la grâce (*anugraha*) pour la réalisation spirituelle, tout en soulignant le rôle crucial de l'effort personnel et de la dévotion.

Le texte est un guide pour l'intégration des enseignements tantrika dans la vie quotidienne, offrant une voie vers la libération qui est à la fois pratique et profondément spirituelle.
Il joue un rôle important dans le développement de la philosophie et de la pratique du Shivaïsme du Cachemire, influençant les générations futures de penseurs, de mystiques, et de pratiquants.

L'auteur spécifique du Mālinīvijayottara Tantra n'est pas clairement identifié dans les traditions ou les sources historiques disponibles. Comme c'est souvent le cas avec de nombreux textes tantriques anciens, le Mālinīvijayottara Tantra est traditionnellement attribué à une révélation divine.
L'attribution précise de la date du Mālinīvijayottara Tantra, est

souvent complexe en raison de la nature orale des transmissions initiales et du manque de preuves matérielles directes, comme des manuscrits datés, pour les périodes les plus anciennes. On situe généralement ses premières compilations écrites aux 8ème et 9ème siècles.

Chapitre 1

1. *Śrī Devī dit :*

"Ô Seigneur, parle-moi du principe nommé Māyā. De quoi est issu cet univers et comment le perçoit-on ?"

2, *Śrī Bhagavān dit :*

"Écoute, déesse, je vais te parler du principe de Māyā. **Là où tout réside***, c'est* **de là que la connaissance se manifeste.***"*

3. **"Ce par quoi l'univers est voilé et ce par quoi il est révélé,** *c'est ce Māyā que j'ai conçu, et c'est ainsi que la connaissance se manifeste."*

4. **"Le principe éternel, sans début ni fin, établi dans Māyā,** *je vais te le décrire en détail ;* **en le connaissant, la libération se produit."**

5. *"Pour celui qui connaît Māyā, cela conduit à la libération, car Māyā est en effet ce monde de transmigration ; je te le dis."*

6. *"Par l'intelligence ou par la connaissance, cela doit être*

*compris, car **par la connaissance de Māyā, tout cela devient pur et se dissipe.**"*

7. **"Māyā est dispersée par l'intelligence, mais non par la connaissance correcte,** *ainsi, en connaissant Māyā, elle disparaît de la même manière."*

8. *"De même que la connaissance devient paisible dans la détermination du principe, ainsi, **en connaissant Māyā,** le principe est compris et **elle disparaît."***

9. *La Déesse dit :*

"Parle-moi en détail de cette Māyā, par laquelle l'univers est voilé et révélé."

10. *Śiva répondit :*

*"Cette Māyā, ô Déesse, **est la grande illusion par laquelle tout ce qui existe est perçu. Sans elle, rien ne serait manifesté."***

11. **"En connaissant Māyā, le yogi atteint la libération. Elle est l'obstacle et aussi le moyen** *par lequel on atteint la sagesse suprême."*

12. **"Māyā est sans forme, mais elle prend diverses formes. Elle est à l'origine de la multiplicité dans l'univers."**

13. *"Les sages qui comprennent cette vérité voient au-delà des apparences. Ils transcendent Māyā et réalisent la vérité ultime."*

14. *"Cette connaissance de Māyā est le secret le plus profond. Elle doit être préservée et transmise seulement aux disciples dignes."*

15. **"Par la pratique du yoga et la méditation, on peut percer**

le voile de Māyā et voir la réalité telle qu'elle est."

16. *"La Déesse dit : 'Comment Māyā peut-elle être surmontée ? Quels sont les moyens pour transcender cette illusion ?'"*

17. *Śiva répondit :*

"Par la discrimination (viveka) et la détachement (vairagya), le yogi peut surmonter Māyā. La connaissance (jnana) et la dévotion (bhakti) sont les clés pour transcender l'illusion."

18. **"La pratique constante de la méditation (dhyana) et la réalisation de l'unité avec le soi suprême conduisent à la libération de Māyā."**

19. **"En réalisant que tout est une manifestation de la conscience suprême (Cit), le yogi transcende Māyā et atteint la libération (moksha)."**

20. *"La Déesse demanda : 'Comment cette Māyā influence-t-elle les êtres vivants et le monde ?'"*

21. *Śiva répondit :*

"Par Māyā, les êtres vivants perçoivent la dualité. Elle crée l'illusion de la séparation entre le soi et l'univers."

22. *"Māyā agit par les gunas (qualités) de la nature : sattva (pureté), rajas (activité) et tamas (inertie). Ces gunas influencent les pensées, les actions et les perceptions des êtres."*

23. **"Les êtres enchaînés par Māyā s'identifient à leur corps et à leur esprit. Ils oublient leur vraie nature, qui est pure conscience (Cit)."**

24. *"Pour transcender Māyā, il est essentiel de cultiver la*

discrimination (viveka) entre le réel et l'irréel. Il faut également développer le détachement (vairagya) des plaisirs sensoriels."

25. *"La méditation sur le soi suprême (Atman) permet de dissoudre l'illusion de Māyā. En réalisant que l'Atman est identique au Brahman, on atteint la libération (moksha)."*

26. *"La Déesse demanda : 'Quels sont les obstacles à la réalisation de la vérité ultime ?'"*

27. *Śiva répondit :*

***"Les principaux obstacles sont l'ignorance** (avidya), **l'ego** (ahamkara), **le désir** (kama) **et l'attachement** (moha). **Ces entraves maintiennent** les êtres **dans** le cycle de la naissance et de la mort (**samsara**)."*

28. *"Pour surmonter ces obstacles, il est nécessaire de **pratiquer le discernement** (viveka), **la dévotion** (bhakti), et **la méditation** (dhyana). **Le contrôle des sens** (indriya-nigraha) et **la maîtrise de l'esprit** (manonigraha) sont également indispensables."*

29. ***"En cultivant la sagesse** (jnana) **et la compassion** (karuna), le yogi peut transcender les limitations de Māyā et réaliser la vérité ultime."*

30. *"Ainsi, ô Déesse, je t'ai révélé les moyens de transcender Māyā. Pratique ces enseignements avec dévotion et tu atteindras la libération."*

31. *"La Déesse répondit : 'Merci, ô Seigneur, pour cette connaissance précieuse. Je vais suivre tes enseignements et les pratiquer avec diligence.'"*

32. *Śiva conclut :*

"Que tous les êtres atteignent la libération en suivant la voie du yoga et de la sagesse. Que cette connaissance se répande dans le monde entier et apporte la félicité à tous les chercheurs de vérité."

Chapitre 2

1. *La Déesse dit :*

   "Ô Seigneur, explique-moi en détail les divers principes et pratiques du yoga, afin que je puisse atteindre la connaissance parfaite."

2. *Śiva répondit :*

   "Écoute, ô Déesse, je vais te parler des divers aspects du yoga. Connaître ces principes te permettra d'atteindre la perfection spirituelle."

3. ***"Il existe trois types principaux de yoga : le yoga de l'action** (karma yoga), **le yoga de la dévotion** (bhakti yoga) **et le yoga de la connaissance** (jnana yoga). Chacun de ces yogas mène à la libération par différentes voies."*

4. ***"Le karma yoga consiste à accomplir ses devoirs avec détachement, en offrant toutes les actions à l'Absolu.** En pratiquant le karma yoga, on purifie le cœur et on se libère des chaînes du karma."*

5. ***"Le bhakti yoga est la voie de la dévotion et de l'amour pour l'Absolu.** En cultivant une dévotion intense et en chantant les louanges du Divin, on atteint l'union avec l'Absolu."*

6. *"Le jnana yoga est la voie de la connaissance et de la sagesse. En étudiant les écritures et en méditant sur la vérité suprême, on transcende l'ignorance et on réalise la nature de l'Absolu."*

7. *"Ces trois yogas sont interdépendants et complémentaires. En les pratiquant ensemble, on obtient une réalisation complète et intégrale de l'Absolu."*

8. *"La pratique du yoga doit être soutenue par une vie de pureté, de discipline et de dévotion. En suivant ces principes, on prépare le terrain pour la réalisation spirituelle."*

9. *Śiva dit :*

"Les pratiques du yoga sont variées et nombreuses. Elles incluent des techniques de respiration (prāṇāyāma), des postures (āsanas), et des exercices de concentration (dhāraṇā)."

10. *"Le prāṇāyāma est essentiel pour contrôler le souffle et purifier les nadis (canaux énergétiques). En pratiquant le prāṇāyāma, on renforce le prāṇa (énergie vitale) et prépare l'esprit à la méditation."*

11. *"Les āsanas sont des postures physiques qui aident à stabiliser le corps et l'esprit. En pratiquant les āsanas, on développe la flexibilité, la force et l'équilibre, nécessaires pour la pratique avancée du yoga."*

12. *"La dhāraṇā est l'art de concentrer l'esprit sur un seul point. En pratiquant la dhāraṇā, on apprend à maîtriser les fluctuations de l'esprit et à atteindre une concentration profonde."*

13. *"La Déesse demanda : 'Quels sont les bénéfices de ces pratiques ?'"*

14. *Śiva répondit :*

"Les bénéfices des pratiques yogiques sont nombreux. Elles purifient le corps et l'esprit, renforcent le système nerveux, améliorent la concentration, et mènent à l'éveil spirituel."

15. **"En pratiquant régulièrement, on développe une paix intérieure et une clarté mentale. On transcende les limitations physiques et mentales, et on réalise la nature véritable du Soi."**

16. **"La méditation** (dhyāna) **est la pratique la plus importante pour atteindre l'union avec le suprême. En méditant sur le Soi suprême, on dissout l'illusion de la dualité et on réalise l'unité avec l'Absolu."**

17. *"La Déesse dit : 'Comment doit-on méditer pour atteindre cette réalisation ?'"*

18. *Śiva répondit :*

"La méditation doit être pratiquée avec dévotion et persévérance. *Choisis un endroit calme et confortable, assieds-toi en posture de méditation (padmāsana ou siddhāsana), et* **concentre-toi sur le souffle."**

19. **"Récite un mantra sacré** *comme 'Om' ou 'So Ham' pour calmer l'esprit et éveiller la conscience divine.* **Visualise la Lumière divine dans ton cœur et ressens l'unité avec l'Absolu."**

20. **"Au fur et à mesure que tu progresses, laisse tomber les supports extérieurs et médite sur la Conscience**

pure et non-duelle. Réalise que tu es un avec l'Absolu et que tout l'univers est une manifestation de cette conscience suprême."

21. *"La Déesse dit : 'Quels sont les signes de progrès dans la méditation ?'"*

22. *Śiva répondit :*

*"**Les signes de progrès sont la paix intérieure, la clarté mentale, l'absence de désirs et d'attachements, et une sensation de joie et de félicité.** À un niveau avancé, le méditant peut expérimenter des visions divines, des expériences de lumière et de son, et une dissolution complète de l'ego."*

23. *"Finalement, le méditant atteint l'**état de samādhi, où l'individualité est transcendée et l'union avec le suprême est réalisée.** Cet état de conscience est au-delà des mots et des concepts, et il confère la libération et la béatitude éternelle."*

24. *"Ainsi, ô Déesse, je t'ai révélé les principes et les pratiques du yoga. Suis ces enseignements avec foi et persévérance, et tu atteindras la libération."*

25. *La Déesse répondit :*

"Merci, ô Seigneur, pour cette sagesse profonde. Je vais pratiquer ces enseignements avec dévotion et détermination."

26. *Śiva conclut :*

"Que tous les êtres atteignent la libération en suivant la voie du yoga et de la sagesse. Que cette connaissance se répande dans le monde entier et

apporte la félicité à tous les chercheurs de vérité."

Chapitre 3

1. *La Déesse dit : "Ô Seigneur, je souhaite connaître les différentes manifestations des énergies divines et leur influence sur le monde. Peux-tu m'éclairer sur ce sujet ?"*

2. *Śiva répondit : "Écoute, ô Déesse, je vais te parler des **diverses énergies (Śaktis) qui émanent de moi** et de **leur rôle dans la création, la préservation et la destruction de l'univers.**"*

3. *"Ces énergies sont innombrables, mais **les principales sont les cinq Śaktis** : Parāśakti, Adiśakti, Icchāśakti, Jñānaśakti et Kriyāśakti. Chacune d'elles a une fonction spécifique dans le cosmos."*

4. *"**Parāśakti est l'énergie suprême, la source de toutes les autres énergies. Elle est la conscience pure et non manifestée, le fondement de toute existence.**"*

5. *"**Adiśakti est l'énergie primordiale, qui donne naissance à l'univers. Elle est la force créatrice qui met en mouvement les processus cosmiques.**"*

6. *"**Icchāśakti est l'énergie de la volonté, responsable de la détermination et du désir. Elle est à l'origine de toutes les actions et intentions.**"*

7. *"**Jñānaśakti est l'énergie de la connaissance, qui illumine l'esprit** et permet la compréhension des vérités spirituelles. Elle est la Lumière qui **dissipe l'ignorance.**"*

8. *"Kriyāśakti est l'énergie de l'action, qui manifeste les pensées et les intentions dans le monde matériel. Elle est le pouvoir dynamique qui actualise les potentiels."*

9. *"Ces cinq énergies travaillent ensemble de manière harmonieuse pour maintenir l'équilibre et l'harmonie dans l'univers. Elles sont les aspects manifestés de ma propre nature divine."*

10. *"La Déesse dit : 'Comment ces énergies influencent-elles les êtres vivants et leur destin ?'"*

11. *Śiva répondit : "**Les énergies divines influencent les êtres vivants de différentes manières, en fonction de leur niveau de conscience et de leur karma.** Parāśakti, étant la conscience pure, inspire l'éveil spirituel et la réalisation de l'unité avec le Divin."*

12. *"Adiśakti, en tant que force créatrice, influence le cycle de la naissance et de la mort, et détermine les conditions de l'existence matérielle des êtres."*

13. *"Icchāśakti, l'énergie de la volonté, guide les désirs et les intentions des individus, façonnant leur destin à travers leurs choix et leurs actions."*

14. *"Jñānaśakti, l'énergie de la connaissance, éclaire l'esprit des chercheurs de vérité, leur permettant de transcender l'ignorance et de réaliser la nature véritable de l'Absolu."*

15. *"Kriyāśakti, l'énergie de l'action, manifeste les pensées et les désirs dans le monde matériel, créant les expériences et les circonstances de la vie."*

16. *"**En comprenant et en harmonisant ces énergies en soi, on peut transcender les limitations de la**"*

condition humaine et réaliser la libération (moksha)."

17. *"La Déesse demanda : 'Comment peut-on harmoniser ces énergies en soi pour atteindre la libération ?'"*

18. *Śiva répondit :* ***"Pour harmoniser ces énergies, il est essentiel de pratiquer le yoga et la méditation. La pratique du karma yoga, du bhakti yoga et du jnana yoga permet de purifier le corps, le cœur et l'esprit."***

19. ***"Le karma yoga***, *en transformant les actions désintéressées en offrandes à l'Absolu,* ***purifie l'énergie de la volonté*** *(Icchāśakti)* ***et de l'action*** *(Kriyāśakti)."*

20. ***"Le bhakti yoga***, *par la dévotion et l'amour pour le Divin,* ***harmonise l'énergie de la connaissance*** *(Jñānaśakti)* ***et de la conscience*** *(Parāśakti)."*

21. ***"Le jnana yoga***, *par l'étude des écritures et la méditation,* ***transcende l'ignorance et réalise l'unité avec l'énergie primordiale*** *(Adiśakti)."*

22. ***"En intégrant ces pratiques dans la vie quotidienne, on peut équilibrer et harmoniser les cinq énergies divines, atteignant ainsi l'état de libération et de béatitude suprême."***

23. *"La Déesse répondit : 'Merci, ô Seigneur, pour cette révélation profonde. Je vais m'efforcer de pratiquer ces enseignements et d'harmoniser les énergies en moi.'"*

24. *Śiva conclut : "Que tous les êtres atteignent la libération en suivant la voie du yoga et de la sagesse. Que cette connaissance se répande dans le monde entier et apporte la félicité à tous les chercheurs de vérité."*

Chapitre 4

1. *Śrī Devī dit :*

"Ô Seigneur, parle-moi des pratiques secrètes du yoga et de la méditation, qui mènent à la réalisation spirituelle et à la libération."

2. *Śiva répondit :*

"Écoute, ô Déesse, je vais te révéler les pratiques secrètes du yoga, qui ont été transmises par les anciens sages et qui conduisent à l'éveil spirituel."

3. *"Le premier secret est la pratique de la concentration (dharana). **En fixant l'esprit sur un point, on apprend à maîtriser les fluctuations mentales et à atteindre une concentration profonde.**"*

4. *"**La pratique de la méditation** (dhyana) **est le deuxième secret. En méditant sur la Lumière divine ou sur un mantra sacré, on purifie l'esprit et on éveille la conscience spirituelle.**"*

5. *"Le **troisième secret est la pratique de l'union** (samadhi). **En atteignant l'état de samadhi, on transcende l'ego et on réalise l'unité avec le suprême.** Cet état de conscience est au-delà des mots et des concepts."*

6. *"La Déesse demanda : 'Comment peut-on atteindre l'état de samadhi ?'"*

7. *Śiva répondit :*

*"**Pour atteindre l'état de samadhi, il est essentiel de**

pratiquer le pratyahara, le retrait des sens. En détournant l'attention des objets extérieurs et en la dirigeant vers l'intérieur, on prépare l'esprit à la méditation profonde."

8. *"Finalement, le pratiquant atteint l'état de samadhi, où l'individualité est transcendée et l'union avec le suprême est réalisée. Cet état de conscience est au-delà des mots et des concepts, et il confère la libération et la béatitude éternelle."*

9. *"Ainsi, ô Déesse, je t'ai révélé les pratiques secrètes du yoga et de la méditation. Suis ces enseignements avec dévotion et persévérance, et tu atteindras la libération."*

10. *La Déesse répondit :*

"Merci, ô Seigneur, pour cette sagesse profonde. Je vais pratiquer ces enseignements avec dévotion et détermination."

11. *Śiva conclut :*

"Que tous les êtres atteignent la libération en suivant la voie du yoga et de la sagesse. Que cette connaissance se répande dans le monde entier et apporte la félicité à tous les chercheurs de vérité."

Chapitre 5

1. *La Déesse dit :*

"Ô Seigneur, explique-moi les différentes formes de dévotion et les rituels sacrés qui mènent à l'union avec le Divin."

2. Śiva répondit :

"Écoute, ô Déesse, je vais te parler des différentes formes de dévotion (bhakti) et des rituels sacrés (puja) qui conduisent à l'union avec le Divin."

3. ***"Il existe trois formes principales de dévotion : la dévotion rituelle*** *(vaidika bhakti),* ***la dévotion spontanée*** *(raganuga bhakti)* ***et la dévotion suprême*** *(parama bhakti)."*

4. ***"La dévotion rituelle implique des prières, des offrandes et des chants de louanges au Divin*** *selon des rites prescrits. Elle purifie le cœur et l'esprit et crée un lien profond avec le Divin."*

5. ***"La dévotion spontanée est une expression libre et naturelle de l'amour pour le Divin, sans adhérer strictement aux rites prescrits. Elle émerge du cœur et est marquée par une intense émotion et une absorption dans le Divin."***

6. ***"La dévotion suprême transcende les formes et les rites. Elle est la réalisation directe de l'unité avec le Divin, où l'adorateur et l'adoré deviennent un."***

7. *"Pour pratiquer la dévotion rituelle, il est important de suivre les rituels sacrés prescrits dans les écritures. Cela inclut l'adoration quotidienne, les offrandes de fleurs, de lumière et de nourriture, et les récitations de mantras."*

8. *"La Déesse demanda : 'Quels sont les bénéfices de ces différentes formes de dévotion ?'"*

9. Śiva répondit :

*"Chaque forme de dévotion a ses propres bénéfices. La dévotion rituelle purifie le cœur et l'esprit, et établit une connexion profonde avec le Divin. La dévotion spontanée éveille des émotions intenses de joie et de félicité. **La dévotion suprême conduit à la réalisation de l'unité avec le Divin et à la libération** (moksha)."*

10. *"Les rituels sacrés (puja) sont des pratiques puissantes qui purifient l'environnement, l'esprit et le cœur. En les pratiquant avec foi et dévotion, on attire les bénédictions du Divin et on progresse sur le chemin spirituel."*

11. *La Déesse demanda : "Quels sont les signes de progrès dans la pratique de la dévotion et des rituels sacrés ?"*

12. *Śiva répondit : "Les signes de progrès incluent une purification profonde du cœur, une paix intérieure durable, une intensification de la dévotion et une expérience directe de la présence divine. À un niveau avancé, le dévot peut percevoir des visions divines et ressentir une union extatique avec le Divin."*

13. *"La Déesse demanda : 'Comment doit-on effectuer les rituels sacrés pour qu'ils soient les plus efficaces ?'"*

14. *Śiva répondit :*

*"Pour que les rituels sacrés soient efficaces, **il est essentiel de les effectuer avec une intention pure, une dévotion sincère et une concentration totale**. Il est **également important de suivre les instructions données dans les écritures et de les adapter selon ses propres capacités et circonstances."***

15. *"L'adoration doit commencer par la purification du*

corps et de l'esprit, suivie de l'invocation des divinités, des offrandes de fleurs, de lumière, d'encens et de nourriture, et des prières et mantras. La conclusion doit inclure des remerciements et des prières de bénédiction."

16. **"En pratiquant ces rituels et en cultivant la dévotion de manière constante et sincère, on attire la grâce divine** *et on progresse inévitablement sur le chemin spirituel vers la libération."*

17. *"Ainsi, ô Déesse, je t'ai révélé les différentes formes de dévotion et les rituels sacrés. Pratique-les avec foi et dévotion, et tu atteindras l'union avec le Divin."*

18. *La Déesse répondit :*

"Merci, ô Seigneur, pour ces enseignements précieux. Je vais pratiquer ces rituels et cultiver la dévotion avec sincérité et ferveur."

19. *Śiva conclut :*

"Que tous les êtres atteignent la libération en suivant la voie de la dévotion et de la sagesse. Que cette connaissance se répande dans le monde entier et apporte la félicité à tous les chercheurs de vérité."

Chapitre 6

1. *La Déesse dit : "Ô Seigneur, explique-moi les différentes étapes de l'éveil spirituel et les expériences associées à chacune de ces étapes."*

2. *Śiva répondit : "Écoute, ô Déesse, je vais te parler des différentes étapes de l'éveil spirituel et des expériences*

que le pratiquant rencontre à chaque étape."

3. *"La **première étape** est l'éveil initial (ādyāvasthā), où **le pratiquant** prend conscience de sa nature spirituelle et **commence à aspirer à la libération**. Cette étape est marquée par une **prise de conscience accrue et** un **désir intense de connaissance et de pratique spirituelle."***

4. *"La **deuxième étape** est la purification (śuddhāvasthā), où **le pratiquant entreprend des pratiques de purification pour éliminer les impuretés mentales et émotionnelles**. Cela inclut la purification du corps, du cœur et de l'esprit à travers des pratiques telles que le **prāṇāyāma**, les **āsanas** et la **méditation."***

5. *"La **troisième étape** est l'illumination (prabhāvasthā), où **le pratiquant commence à expérimenter des éclairs de réalisation** spirituelle et une compréhension plus profonde de la vérité divine. À ce stade, **les voiles de l'ignorance commencent à se dissiper et la lumière de la connaissance spirituelle brille de plus en plus."***

6. *"La **quatrième étape** est la stabilité (sthirāvasthā), où **le pratiquant atteint une stabilité intérieure et une constance dans sa pratique** spirituelle. Les fluctuations de l'esprit diminuent et **le pratiquant reste ancré dans la conscience divine même au milieu des activités mondaines."***

7. *"La **cinquième étape est la réalisation** (pūrṇāvasthā), où **le pratiquant atteint la réalisation complète de sa véritable nature divine**. À ce stade, **l'illusion de la séparation est dissoute et le pratiquant expérimente l'unité avec le Divin de manière continue et***

ininterrompue."

8. *"La Déesse demanda : 'Quels sont les signes de progrès à chaque étape de l'éveil spirituel ?'"*

9. *Śiva répondit : "Les signes de progrès incluent une augmentation de la paix intérieure, une réduction des désirs et des attachements, une clarté mentale accrue et une expérience croissante de la félicité divine. À chaque étape, le pratiquant devient de plus en plus aligné avec sa véritable nature et son expression divine."*

10.*"En progressant à travers ces étapes, le pratiquant développe une compréhension profonde et intuitive de la vérité spirituelle et devient de plus en plus capable de vivre en harmonie avec les principes divins."*

11. *La Déesse demanda : "Quelles sont les pratiques spécifiques pour progresser à travers les différentes étapes de l'éveil spirituel ?"*

12. *Śiva répondit : **"Les pratiques spécifiques incluent la méditation régulière, le chant des mantras, l'étude des écritures, la dévotion et le service désintéressé**. Il est également essentiel de cultiver des qualités telles que la **compassion**, la **patience et le discernement**."*

13. *"En suivant ces pratiques avec constance et dévotion, on progresse naturellement à travers les étapes de l'éveil spirituel et on atteint la réalisation complète de sa véritable nature divine."*

14. *"Ainsi, ô Déesse, je t'ai révélé les différentes étapes de l'éveil spirituel et les signes de progrès associés. Pratique ces enseignements avec dévotion et*

persévérance, et tu atteindras la réalisation spirituelle complète."

15. La Déesse répondit : "Merci, ô Seigneur, pour cette précieuse guidance. Je vais m'efforcer de suivre ces enseignements et de progresser sur le chemin de l'éveil spirituel."

16. Śiva conclut : "Que tous les êtres atteignent l'éveil spirituel et la libération en suivant la voie de la sagesse et de la dévotion. Que cette connaissance se répande dans le monde entier et apporte la félicité à tous les chercheurs de vérité."

Chapitre 7

1. La Déesse dit : "Ô Seigneur, explique-moi les divers types de méditation et leurs bénéfices respectifs."

2. Śiva répondit : "Écoute, ô Déesse, je vais te parler des divers types de méditation (dhyāna) et de leurs bénéfices. **La méditation est une pratique essentielle pour l'éveil spirituel et la réalisation de la vérité ultime.**"

3. "Il existe **plusieurs types** de méditation, parmi lesquels la méditation **sur le souffle** (prāṇāyāma), la méditation **sur la Lumière** (jyoti dhyāna), et la méditation **sur un mantra** (mantra dhyāna)."

4. **"La méditation sur le souffle consiste à observer et contrôler le souffle.** Elle purifie l'esprit et harmonise les énergies internes, préparant ainsi le pratiquant à la méditation profonde."

5. **"La méditation sur la lumière implique de visualiser**

*une **Lumière divine dans le cœur ou entre les sourcils.** Elle éveille la conscience divine et illumine l'esprit, aidant le pratiquant à transcender les pensées ordinaires."*

6. *"**La méditation sur un mantra consiste à réciter mentalement un mantra sacré, tel que 'Om' ou 'So Ham'.** Elle calme l'esprit, éveille l'énergie spirituelle et conduit à une absorption profonde dans le Divin."*

7. *"**Chaque type de méditation a ses propres bénéfices et peut être pratiqué en fonction des inclinations et des besoins individuels.** La méditation sur le souffle purifie et stabilise l'esprit. La méditation sur la lumière éveille la conscience divine. La méditation sur un mantra calme l'esprit et éveille l'énergie spirituelle."*

8. *"La Déesse demanda : 'Comment doit-on choisir le type de méditation le plus approprié ?'"*

9. *Śiva répondit : "**Le choix du type de méditation dépend des inclinations et des besoins individuels.** Ceux qui cherchent à purifier et stabiliser l'esprit peuvent pratiquer la méditation sur le souffle. Ceux qui veulent éveiller la conscience divine peuvent pratiquer la méditation sur la lumière. Ceux qui cherchent à calmer l'esprit et à éveiller l'énergie spirituelle peuvent pratiquer la méditation sur un mantra."*

10. *"**Il est également bénéfique de combiner différentes formes de méditation pour obtenir un développement spirituel complet et harmonieux.** En pratiquant régulièrement et avec dévotion, on progresse naturellement sur le chemin de l'éveil spirituel."*

11. *"Ainsi, ô Déesse, je t'ai révélé les divers types de*

méditation et leurs bénéfices respectifs. Pratique ces enseignements avec foi et persévérance, et tu atteindras la réalisation spirituelle."

12. *La Déesse répondit : "Merci, ô Seigneur, pour cette précieuse guidance. Je vais pratiquer ces enseignements avec dévotion et détermination."*

13. *Śiva conclut : "Que tous les êtres atteignent l'éveil spirituel et la libération en suivant la voie de la méditation et de la sagesse. Que cette connaissance se répande dans le monde entier et apporte la félicité à tous les chercheurs de vérité."*

Chapitre 8

1. *La Déesse dit : "Ô Seigneur, éclaire-moi sur la nature des siddhis (pouvoirs spirituels) et comment ils sont atteints par la pratique du yoga."*

2. *Śiva répondit : "Écoute, ô Déesse, je vais te parler des siddhis, les pouvoirs spirituels qui peuvent être obtenus par la pratique intensive du yoga et de la méditation."*

3. *"Les siddhis sont de divers types et comprennent des pouvoirs tels que l'invincibilité, la téléportation, la clairvoyance, et bien d'autres. Ils sont le résultat d'une maîtrise parfaite des énergies internes et de la conscience."*

4. *"Il y a huit grands siddhis (mahasiddhis) qui sont particulièrement notables : aṇimā (réduire sa taille à l'infini), mahimā (augmenter sa taille à l'infini), garimā (devenir très lourd), laghimā (devenir très léger), prāpti (atteindre n'importe quel endroit),*

prākāmya (réaliser tous ses désirs), īśitva (contrôle sur les autres), et vaśitva (contrôle absolu sur toutes les choses)."

5. *"Ces siddhis peuvent être atteints par la purification intense du corps et de l'esprit, la méditation profonde, et le contrôle parfait du prāṇa (énergie vitale)."*

6. *"La Déesse demanda : 'Quels sont les dangers potentiels associés aux siddhis et comment peut-on les éviter ?'"*

7. *Śiva répondit : **"Les siddhis**, bien qu'extraordinaires, **peuvent devenir des obstacles sur le chemin spirituel s'ils sont utilisés de manière égoïste. L'orgueil et l'attachement à ces pouvoirs peuvent détourner le pratiquant de la quête ultime de la libération."***

8. ***"Pour éviter ces dangers, il est essentiel de maintenir un esprit de détachement et de dévotion envers le Divin. Les siddhis doivent être utilisés avec discernement et pour le bien de tous."***

9. *"Ainsi, ô Déesse, je t'ai révélé la nature des siddhis et les précautions nécessaires pour les utiliser correctement. **Pratique le yoga avec sincérité et dévotion, et tu atteindras la réalisation spirituelle sans être entravée par les siddhis."***

10. *La Déesse répondit : "Merci, ô Seigneur, pour cette sagesse précieuse. Je vais pratiquer le yoga avec dévotion et prudence."*

11. *Śiva conclut : "Que tous les êtres atteignent la réalisation spirituelle et la libération en suivant la voie du yoga et de la sagesse. Que cette connaissance se*

répande dans le monde entier et apporte la félicité à tous les chercheurs de vérité."

Chapitre 9

1. *La Déesse dit : "Ô Seigneur, parle-moi des diverses pratiques de purification qui aident à atteindre la pureté du corps et de l'esprit."*

2. *Śiva répondit : "Écoute, ô Déesse, je vais te parler des diverses **pratiques de purification** (śuddhikriyā) qui **sont essentielles pour préparer le corps et l'esprit à la méditation profonde et à la réalisation spirituelle."***

3. *"Les pratiques de purification comprennent le nettoyage interne (dhouti), les **lavements** (basti), les nettoyages de la cavité nasale (neti), les nettoyages des intestins (nauli), les **exercices respiratoires** (kapālabhāti), et **la fixation du regard** (trāṭaka)."*

4. *"Le nettoyage interne (dhouti) consiste à boire de l'eau salée tiède et à la vomir pour nettoyer l'estomac. Cela aide à éliminer les toxines et à purifier le système digestif."*

5. *"Les lavements (basti) sont des techniques de nettoyage du côlon qui éliminent les impuretés des intestins et améliorent la santé digestive."*

6. *"Les nettoyages de la cavité nasale (neti) impliquent l'utilisation d'eau salée pour nettoyer les sinus et les passages nasaux, améliorant ainsi la respiration et la clarté mentale."*

7. *"Les nettoyages des intestins (nauli) sont des exercices de massage abdominal qui stimulent les organes*

internes et améliorent la digestion."

8. *"Les exercices respiratoires (kapālabhāti) consistent en des respirations rapides et puissantes qui purifient les voies respiratoires et augmentent l'énergie vitale."*

9. *"La fixation du regard (trāṭaka) consiste à fixer un point ou une flamme sans cligner des yeux. Cela aide à développer la concentration et à purifier l'esprit."*

10. *"La Déesse demanda : 'Quels sont les bénéfices de ces pratiques de purification ?'"*

11. *Śiva répondit : **"Les pratiques de purification purifient le corps des toxines, améliorent la digestion, renforcent le système immunitaire, et augmentent l'énergie vitale. Elles purifient également l'esprit, augmentant la clarté mentale et facilitant la concentration et la méditation profonde."***

12. ***"En pratiquant ces techniques régulièrement et avec discernement, le pratiquant prépare son corps et son esprit à l'éveil spirituel et à la réalisation de la vérité ultime."***

13. *"Ainsi, ô Déesse, je t'ai révélé les diverses pratiques de purification. Pratique-les avec foi et persévérance, et tu atteindras la pureté nécessaire pour la méditation et la réalisation spirituelle."*

14. *La Déesse répondit : "Merci, ô Seigneur, pour cette guidance précieuse. Je vais pratiquer ces techniques de purification avec dévotion et régularité."*

15. *Śiva conclut : "Que tous les êtres atteignent la pureté du corps et de l'esprit en suivant ces pratiques de purification. Que cette connaissance se répande dans*

le monde entier et apporte la félicité à tous les chercheurs de vérité."

Chapitre 10

1. *La Déesse dit : "Ô Seigneur, parle-moi des diverses formes de prāṇāyāma et de leurs bénéfices."*

2. *Śiva répondit : "Écoute, ô Déesse, je vais te parler des diverses formes de prāṇāyāma (contrôle du souffle) et de leurs bénéfices.* **Le prāṇāyāma est une pratique essentielle pour purifier le corps et l'esprit et pour éveiller l'énergie spirituelle."**

3. **"Il existe plusieurs formes de prāṇāyāma,** *parmi lesquelles le nāḍīśuddhi, le ujjāyī, le sītalī, le bhastrikā et le kumbhaka."*

4. *"Le* **nāḍīśuddhi est une technique de purification des nadis** *(canaux énergétiques) en respirant alternativement par les narines gauche et droite.* **Elle équilibre les énergies internes et purifie le système énergétique."**

5. *"Le ujjāyī est une technique de respiration sonore qui calme l'esprit et augmente la concentration. Elle est particulièrement bénéfique pour la méditation."*

6. *"Le sītalī est une technique de respiration rafraîchissante où l'on inspire par la langue roulée et expire par le nez. Elle refroidit le corps et l'esprit, apportant une sensation de calme et de fraîcheur."*

7. *"Le* **bhastrikā est une technique de respiration rapide et puissante qui purifie les poumons et stimule l'énergie vitale.** *Elle est particulièrement utile pour*

140

augmenter la vitalité et l'endurance."

8. ***"Le kumbhaka est la rétention du souffle après l'inhalation ou l'exhalation. Elle aide à contrôler l'énergie vitale et à stabiliser l'esprit, conduisant à des états de méditation profonde."***

9. *"La Déesse demanda : 'Quels sont les bénéfices spécifiques de chaque forme de prāṇāyāma ?'"*

10. *Śiva répondit :* ***"Le nāḍīśuddhi purifie les canaux énergétiques, équilibrant ainsi les énergies internes.*** *Le ujjāyī calme l'esprit et améliore la concentration. Le sītalī rafraîchit le corps et l'esprit, apportant calme et détente.* ***Le bhastrikā purifie les poumons et stimule l'énergie vitale. Le kumbhaka contrôle l'énergie vitale et stabilise l'esprit, facilitant la méditation profonde."***

11. *"En pratiquant ces techniques de prāṇāyāma régulièrement et avec discernement, le pratiquant purifie son corps et son esprit, améliore sa santé et son bien-être, et se prépare à l'éveil spirituel."*

12. *"Ainsi, ô Déesse, je t'ai révélé les diverses formes de prāṇāyāma et leurs bénéfices. Pratique-les avec foi et persévérance, et tu atteindras la pureté nécessaire pour la méditation et la réalisation spirituelle."*

13. *La Déesse répondit : "Merci, ô Seigneur, pour cette guidance précieuse. Je vais pratiquer ces techniques de prāṇāyāma avec dévotion et régularité."*

14. *Śiva conclut : "Que tous les êtres atteignent la pureté du corps et de l'esprit en suivant ces pratiques de prāṇāyāma. Que cette connaissance se répande dans le monde entier et apporte la félicité à tous les*

chercheurs de vérité."

Chapitre 11

1. *La Déesse dit : "Ô Seigneur, parle-moi de la véritable nature de l'initiation et des pratiques sacrées qui y sont associées."*
2. *Śiva répondit : "Écoute, ô Déesse, je vais te révéler les secrets de l'initiation (dīkṣā) et des rites sacrés qui conduisent à la libération spirituelle."*
3. *"L'initiation est le processus par lequel l'enseignant transmet au disciple la connaissance secrète et les pouvoirs spirituels nécessaires à la réalisation de la Vérité ultime."*
4. ***"Il existe différentes formes d'initiation, chacune adaptée au niveau de préparation et à la disposition du disciple."***
5. *"L'initiation **par le regard** (dṛkṣā dīkṣā) est une méthode puissante où le maître utilise la force de son regard pour transmettre l'énergie spirituelle au disciple."*
6. *"L'initiation **par le toucher** (sparśa dīkṣā) implique le transfert de puissance par le toucher du maître, généralement sur la tête ou le cœur du disciple."*
7. *"L'initiation **par le mantra** (mantra dīkṣā) consiste à transmettre un mantra sacré au disciple, qui doit le réciter régulièrement pour éveiller ses énergies spirituelles."*
8. *"L'initiation par le feu (agni dīkṣā) utilise le feu sacré comme moyen de purification et de transmission de l'énergie spirituelle."*

9. *"L'initiation par l'eau (jala dīkṣā) utilise l'eau sacrée pour purifier le disciple et éveiller ses énergies latentes."*

10. *"L'initiation par le son (nāda dīkṣā) implique l'utilisation de sons sacrés et de chants pour élever la conscience du disciple."*

11. *"La Déesse demanda : 'Quels sont les signes de l'initiation réussie et comment sait-on si elle a été efficace ?'"*

12. *Śiva répondit :* ***"Les signes d'une initiation réussie incluent une purification profonde du corps et de l'esprit, une augmentation de la paix intérieure et de la clarté mentale, et une intensification de la dévotion et de la concentration spirituelle."***

13. *"Une initiation efficace conduit également à des expériences directes de la présence divine, des visions spirituelles et une connexion plus profonde avec le maître et le Divin."*

14. ***"Il est important pour le disciple de pratiquer régulièrement les enseignements et les techniques transmises lors de l'initiation pour en maintenir les effets et progresser sur le chemin spirituel."***

15. *"Ainsi, ô Déesse, je t'ai révélé les secrets de l'initiation et des pratiques sacrées qui y sont associées. Pratique ces enseignements avec foi et persévérance, et tu atteindras la réalisation spirituelle."*

16. *La Déesse répondit : "Merci, ô Seigneur, pour cette précieuse guidance. Je vais pratiquer ces enseignements avec dévotion et détermination."*

17. *Śiva conclut : "Que tous les êtres atteignent la libération en suivant la voie de l'initiation et de la sagesse. Que cette connaissance se répande dans le*

monde entier et apporte la félicité à tous les chercheurs de vérité."

Chapitre 12

1. *La Déesse dit : "Ô Seigneur, parle-moi des divers types de mantra et de leur puissance."*

2. *Śiva répondit : "Écoute, ô Déesse, je vais te parler des divers types de mantras et de leur puissance. **Les mantras sont des sons sacrés qui possèdent des vibrations spécifiques et des pouvoirs spirituels.**"*

3. ***"Il existe plusieurs types de mantras**, dont les mantras **semences** (bīja mantras), les mantras **dévotionnels** (bhakti mantras), et les mantras **de protection** (raksha mantras)."*

4. ***"Les bīja mantras sont des syllabes racines qui contiennent l'essence des divinités**. Par exemple, **'Om'** est le bīja mantra universel, symbolisant **la vibration cosmique primordiale**."*

5. ***"Les bhakti mantras sont utilisés pour invoquer et adorer les divinités**. Par exemple, le mantra 'Om Namah Shivaya' est utilisé pour vénérer le Seigneur Śiva."*

6. ***"Les raksha mantras sont utilisés pour la protection contre les énergies négatives et les dangers**. Ils sont récités pour créer un bouclier de protection spirituelle autour de la personne."*

7. *"La Déesse demanda : 'Comment doit-on choisir et utiliser un mantra ?'"*

8. *Śiva répondit : "Le choix du mantra dépend des besoins et des aspirations spirituelles de l'individu.* **Il est recommandé de recevoir un mantra de son maître spirituel ou guru**, *qui peut guider dans la sélection du mantra approprié."*

9. *"Pour utiliser un mantra,* **il est important de le réciter régulièrement avec dévotion et concentration. La récitation doit être accompagnée d'une intention pure et d'une attitude de respect et de révérence."**

10. *"Les mantras doivent être récités avec un décompte précis, souvent avec l'aide d'un mālā (chapelet) de 108 perles. Cela aide à maintenir la discipline et la concentration."*

11. **"En pratiquant la récitation des mantras avec constance et dévotion, on peut éveiller les pouvoirs latents des mantras et attirer les bénédictions et la protection divine."**

12. *"Ainsi, ô Déesse, je t'ai révélé les divers types de mantras et leur puissance. Pratique-les avec foi et persévérance, et tu atteindras la protection et l'élévation spirituelle."*

13. *La Déesse répondit : "Merci, ô Seigneur, pour cette précieuse guidance. Je vais pratiquer la récitation des mantras avec dévotion et détermination."*

14. *Śiva conclut : "Que tous les êtres atteignent la protection et l'élévation spirituelle en suivant la voie des mantras. Que cette connaissance se répande dans le monde entier et apporte la félicité à tous les chercheurs de vérité."*

145

Chapitre 13

1. *La Déesse dit : "Ô Seigneur, parle-moi des divers types de tapas (austérités) et de leur rôle dans la purification spirituelle."*

2. *Śiva répondit : "Écoute, ô Déesse, je vais te parler des divers types de tapas (austérités) et de leur rôle dans la purification spirituelle. **Les tapas sont des pratiques** rigoureuses **qui purifient le corps, l'esprit et l'âme**, et **renforcent la discipline et la volonté**."*

3. *"Il existe plusieurs types de tapas, dont les austérités physiques, mentales et spirituelles. **Chaque type de tapas a ses propres bénéfices et est adapté à différents aspects de la purification et de l'élévation spirituelle**."*

4. *"Les austérités physiques incluent des pratiques telles que le jeûne, le **maintien de postures** difficiles, et la restriction des plaisirs sensoriels. Ces pratiques **purifient le corps et renforcent la discipline physique**."*

5. *"Les austérités mentales incluent des pratiques telles que le silence (mauna), la **concentration intense** (dharana), et la **méditation prolongée** (dhyana). Ces pratiques **purifient l'esprit et renforcent la concentration et la clarté mentale**."*

6. *"Les austérités spirituelles incluent des pratiques telles que la **récitation de mantras**, l'**étude des écritures sacrées**, et la **dévotion intense au Divin**. Ces pratiques **purifient l'âme et renforcent la dévotion et la sagesse spirituelle**."*

7. *"La Déesse demanda : 'Quels sont les bénéfices spécifiques de chaque type de tapas ?'"*

8. *Śiva répondit : "Les austérités physiques purifient le corps des toxines, renforcent la discipline et augmentent la résistance physique. Les austérités mentales purifient l'esprit des distractions, renforcent la concentration et la clarté mentale, et conduisent à une paix intérieure profonde. Les austérités spirituelles purifient l'âme, renforcent la dévotion et la sagesse spirituelle,* **et conduisent à la réalisation de l'unité avec le Divin."**

9. **"En pratiquant les tapas avec dévotion et persévérance, le pratiquant purifie son être entier** *et progresse sur le chemin de l'éveil spirituel et de la libération."*

10. *"Ainsi, ô Déesse, je t'ai révélé les divers types de tapas et leurs bénéfices. Pratique-les avec foi et détermination, et tu atteindras la purification spirituelle et l'élévation."*

11. *La Déesse répondit : "Merci, ô Seigneur, pour cette guidance précieuse. Je vais pratiquer les tapas avec dévotion et persévérance."*

12. *Śiva conclut : "Que tous les êtres atteignent la purification spirituelle et l'élévation en suivant la voie des tapas. Que cette connaissance se répande dans le monde entier et apporte la félicité à tous les chercheurs de vérité."*

1. *La Déesse dit : "Ô Seigneur, parle-moi des divers types de mudras (gestes sacrés) et de leur rôle dans la pratique spirituelle."*

2. *Śiva répondit : "Écoute, ô Déesse, je vais te parler des divers types de mudras et de leur rôle dans la pratique spirituelle. **Les mudras sont des gestes sacrés qui canalisent l'énergie divine et favorisent la concentration et la méditation."***

3. *"Il existe plusieurs types de mudras, chacun ayant des fonctions spécifiques. Les mudras **les plus importants sont : jñāna mudra, chin mudra, anjali mudra, abhaya mudra, et dhyāna mudra."***

4. *"Le jñāna mudra est formé en joignant le bout du pouce et de l'index, symbolisant l'union de la conscience individuelle et de la conscience universelle. Il favorise la concentration et l'acquisition de la connaissance."*

5. ***"Le chin mudra est similaire au jñāna mudra, mais la paume est tournée vers le haut. Il symbolise l'état de réceptivité et d'ouverture spirituelle."***

6. ***"L'anjali mudra est formé en joignant les paumes devant la poitrine en signe de respect et de dévotion. Il est utilisé pour saluer et honorer le divin."***

7. *"L'abhaya mudra est formé en levant la main droite avec la paume tournée vers l'extérieur, symbolisant la protection et l'absence de peur."*

8. ***"Le dhyāna mudra est formé en posant les mains sur les genoux, les paumes vers le haut, avec l'une des***

mains posée sur l'autre. Il favorise la méditation profonde et la tranquillité."

9. *"La Déesse demanda : 'Quels sont les bénéfices spécifiques de chaque mudra ?'"*

10. *Śiva répondit : "Le jñāna mudra favorise la concentration et l'acquisition de la connaissance. Le chin mudra symbolise l'ouverture spirituelle. L'anjali mudra exprime la dévotion et le respect. L'abhaya mudra confère protection et absence de peur. Le dhyāna mudra aide à atteindre une méditation profonde et la tranquillité de l'esprit."*

11. *"**En pratiquant les mudras avec dévotion et persévérance, le pratiquant peut canaliser l'énergie divine, favoriser la concentration et atteindre une méditation profonde.**"*

12. *"Ainsi, ô Déesse, je t'ai révélé les divers types de mudras et leurs bénéfices. Pratique-les avec foi et détermination, et tu atteindras l'élévation spirituelle."*

13. *La Déesse répondit : "Merci, ô Seigneur, pour cette guidance précieuse. Je vais pratiquer les mudras avec dévotion et persévérance."*

14. *Śiva conclut : "Que tous les êtres atteignent l'élévation spirituelle en suivant la voie des mudras. Que cette connaissance se répande dans le monde entier et apporte la félicité à tous les chercheurs de vérité."*

Chapitre 15

1. *La Déesse dit : "Ô Seigneur, parle-moi des diverses*

formes de bhakti (dévoation) et de leur rôle dans l'atteinte de l'union divine."

2. *Śiva répondit : "Écoute, ô Déesse, je vais te parler des diverses formes de bhakti et de leur rôle dans l'atteinte de l'union divine. **La bhakti est une voie de dévotion intense et d'amour pour le Divin, menant à l'union spirituelle.**"*

3. *"Il existe plusieurs formes de bhakti, parmi lesquelles la śānta bhakti, la dāsya bhakti, la sakhya bhakti, la vātsalya bhakti, et la mādhurya bhakti."*

4. *"La śānta bhakti est la dévotion paisible, où le dévot vénère le Divin avec tranquillité et sérénité. Elle favorise la paix intérieure et la contemplation."*

5. *"La dāsya bhakti est la dévotion servile, où le dévot sert le Divin avec une dévotion totale et un esprit de service. Elle favorise l'humilité et l'abnégation."*

6. *"La sakhya bhakti est la dévotion amicale, où le dévot considère le Divin comme son ami proche. Elle favorise l'intimité et la camaraderie spirituelle."*

7. *"La vātsalya bhakti est la dévotion parentale, où le dévot vénère le Divin avec l'amour et la protection d'un parent. Elle favorise la tendresse et la compassion."*

8. *"La mādhurya bhakti est la dévotion amoureuse, où le dévot aime le Divin avec l'intensité et la passion d'un amant. Elle favorise l'extase et la dissolution de l'ego."*

9. *"La Déesse demanda : 'Quels sont les bénéfices spécifiques de chaque forme de bhakti ?'"*

10. *Śiva répondit : **"Chaque forme de bhakti a ses***

propres bénéfices spirituels. La śānta bhakti favorise la paix intérieure et la contemplation. La dāsya bhakti favorise l'humilité et l'abnégation. La sakhya bhakti favorise l'intimité et la camaraderie spirituelle. La vātsalya bhakti favorise la tendresse et la compassion. La mādhurya bhakti favorise l'extase spirituelle et la dissolution de l'ego."

11. *"En pratiquant la bhakti avec dévotion et persévérance, le dévot peut atteindre l'union divine et la béatitude spirituelle."*

12. *"Ainsi, ô Déesse, je t'ai révélé les diverses formes de bhakti et leurs bénéfices. Pratique-les avec foi et dévotion, et tu atteindras l'union divine."*

13. *La Déesse répondit : "Merci, ô Seigneur, pour cette guidance précieuse. Je vais pratiquer la bhakti avec dévotion et persévérance."*

14. *Śiva conclut : "Que tous les êtres atteignent l'union divine en suivant la voie de la bhakti. Que cette connaissance se répande dans le monde entier et apporte la félicité à tous les chercheurs de vérité."*

Chapitre 16

1. *La Déesse dit : "Ô Seigneur, parle-moi des divers types de sacrifices (yajña) et de leur importance dans la pratique spirituelle."*

2. *Śiva répondit : "Écoute, ô Déesse, je vais te parler des divers types de sacrifices (yajña) et de leur importance dans la pratique spirituelle. Les yajñas sont des offrandes rituelles faites au Divin pour purifier l'âme*

et attirer les bénédictions divines."

3. *"Il existe plusieurs types de yajñas, dont les yajñas de feu (homa), les yajñas de l'eau (abhiṣeka), les yajñas de la nourriture (annadāna), et les yajñas de la connaissance (jñāna yajña)."*

4. *"Les homa yajñas impliquent l'offrande de ghee, de grains et d'herbes sacrées dans le feu sacré. Ils purifient l'environnement et le pratiquant, et attirent la grâce divine."*

5. *"Les abhiṣeka yajñas impliquent l'aspersion d'eau sacrée sur les divinités ou les icônes. Ils purifient et sanctifient l'objet du culte, attirant ainsi la bénédiction divine."*

6. *"Les annadāna yajñas consistent à offrir de la nourriture aux personnes nécessiteuses. Ils sont considérés comme l'une des formes les plus élevées de yajña, car ils nourrissent et soutiennent la vie humaine."*

7. *"Les jñāna yajñas sont les sacrifices de la connaissance, où l'on étudie et partage les écritures sacrées et les enseignements spirituels. Ils purifient l'esprit et éveillent la sagesse."*

8. *"La Déesse demanda : 'Quels sont les bénéfices spécifiques de chaque type de yajña ?'"*

9. *Śiva répondit : "Les homa yajñas purifient l'environnement et attirent la grâce divine. Les abhiṣeka yajñas sanctifient l'objet du culte et attirent les bénédictions divines. Les annadāna yajñas soutiennent la vie humaine et apportent une grande*

satisfaction spirituelle. Les jñāna yajñas éveillent la sagesse et purifient l'esprit."

10. "En pratiquant ces yajñas avec dévotion et sincérité, le pratiquant purifie son âme et attire les bénédictions divines."

11. "Ainsi, ô Déesse, je t'ai révélé les divers types de yajñas et leurs bénéfices. Pratique-les avec foi et dévotion, et tu atteindras la purification spirituelle et l'élévation."

12. La Déesse répondit : "Merci, ô Seigneur, pour cette guidance précieuse. Je vais pratiquer les yajñas avec dévotion et persévérance."

13. Śiva conclut : "Que tous les êtres atteignent la purification spirituelle et l'élévation en suivant la voie des yajñas. Que cette connaissance se répande dans le monde entier et apporte la félicité à tous les chercheurs de vérité."

Chapitre 17

1. La Déesse dit : "Ô Seigneur, parle-moi des divers types de pratiques spirituelles (sādhanā) et de leur rôle dans la réalisation spirituelle."

2. Śiva répondit : "Écoute, ô Déesse, je vais te parler des divers types de pratiques spirituelles (sādhanā) et de leur rôle dans la réalisation spirituelle. **La sādhanā est l'ensemble des disciplines et des pratiques que le pratiquant suit pour atteindre l'éveil spirituel."**

3. "Il existe plusieurs types de sādhanā, dont le karma sādhanā, le bhakti sādhanā, le jñāna sādhanā, et le

153

rāja sādhanā."

4. *"Le karma sādhanā consiste à accomplir ses devoirs et ses actions avec détachement et en les offrant au Divin. Cette pratique purifie le cœur et le mental et prépare le pratiquant à l'éveil spirituel."*

5. *"Le bhakti sādhanā consiste à cultiver une dévotion intense et un amour pour le Divin à travers des prières, des chants de louanges, et des rituels. Cette pratique éveille l'amour divin et conduit à l'union avec le Divin."*

6. *"Le jñāna sādhanā consiste à rechercher la connaissance spirituelle par l'étude des écritures, la méditation, et la contemplation. Cette pratique dissipe l'ignorance et conduit à la réalisation de la vérité ultime."*

7. *"Le rāja sādhanā consiste à discipliner l'esprit et le corps par des pratiques telles que le prāṇāyāma, les āsanas, et la méditation. Cette pratique harmonise les énergies internes et mène à l'éveil spirituel."*

8. *"La Déesse demanda : 'Quels sont les bénéfices spécifiques de chaque type de sādhanā ?'"*

9. *Śiva répondit : "Le karma sādhanā purifie le cœur et le mental. Le bhakti sādhanā éveille l'amour divin et conduit à l'union avec le Divin. Le jñāna sādhanā dissipe l'ignorance et conduit à la réalisation de la vérité ultime. Le rāja sādhanā harmonise les énergies internes et mène à l'éveil spirituel."*

10. *"En pratiquant ces sādhanās avec dévotion et persévérance, le pratiquant peut atteindre l'éveil*

spiriituel et la réalisation de sa véritable nature divine."

11. *"Ainsi, ô Déesse, je t'ai révélé les divers types de sādhanā et leurs bénéfices. Pratique-les avec foi et dévotion, et tu atteindras la réalisation spirituelle."*

12. *La Déesse répondit : "Merci, ô Seigneur, pour cette guidance précieuse. Je vais pratiquer ces sādhanās avec dévotion et persévérance."*

13. *Śiva conclut : "Que tous les êtres atteignent l'éveil spirituel et la réalisation en suivant la voie des sādhanās. Que cette connaissance se répande dans le monde entier et apporte la félicité à tous les chercheurs de vérité."*

Chapitre 18

1. *La Déesse dit : "Ô Seigneur, parle-moi des divers types de pratyāhāra (retrait des sens) et de leur rôle dans la pratique spirituelle."*

2. *Śiva répondit : "Écoute, ô Déesse, je vais te parler des divers types de pratyāhāra (retrait des sens) et de leur rôle dans la pratique spirituelle. **Le pratyāhāra est l'art de détourner l'attention des objets sensoriels et de la diriger vers l'intérieur, préparant ainsi l'esprit à la méditation profonde.**"*

3. *"Il existe plusieurs types de pratyāhāra, dont le retrait sensoriel physique, le retrait sensoriel mental, et le retrait sensoriel spirituel."*

4. *"Le retrait sensoriel physique implique de s'abstenir de stimulations sensorielles extérieures telles que les*

155

bruits forts, les images distrayantes, et les saveurs intenses. Cela aide à calmer l'esprit et à réduire les distractions."

5. **"Le retrait sensoriel mental consiste à discipliner l'esprit pour qu'il ne se laisse pas entraîner par les pensées et les émotions. Cela implique de développer la concentration et la vigilance mentale."**

6. **"Le retrait sensoriel spirituel consiste à se détourner des plaisirs mondains et à se concentrer sur les pratiques spirituelles** *telles que la méditation, la prière, et l'étude des écritures. Cela purifie l'esprit et l'âme."*

7. *"La Déesse demanda : 'Quels sont les bénéfices spécifiques de chaque type de pratyāhāra ?'"*

8. *Śiva répondit : "Le retrait sensoriel physique calme l'esprit et réduit les distractions. Le retrait sensoriel mental développe la concentration et la vigilance mentale. Le retrait sensoriel spirituel purifie l'esprit et l'âme, et prépare le pratiquant à la méditation profonde."*

9. **"En pratiquant ces formes de pratyāhāra avec dévotion et persévérance, le pratiquant peut atteindre un état de concentration profonde et de paix intérieure, préparant ainsi l'esprit à l'éveil spirituel."**

10. *"Ainsi, ô Déesse, je t'ai révélé les divers types de pratyāhāra et leurs bénéfices. Pratique-les avec foi et dévotion, et tu atteindras la concentration et la paix intérieure nécessaires à la méditation et à la réalisation spirituelle."*

11.La Déesse répondit : "Merci, ô Seigneur, pour cette guidance précieuse. Je vais pratiquer le pratyāhāra avec dévotion et persévérance."

12.Śiva conclut : "Que tous les êtres atteignent la concentration et la paix intérieure en suivant la voie du pratyāhāra. Que cette connaissance se répande dans le monde entier et apporte la félicité à tous les chercheurs de vérité."

Chapitre 19

1. La Déesse dit : "Ô Seigneur, parle-moi des divers types de dhāraṇā (concentration) et de leur rôle dans la pratique spirituelle."

2. Śiva répondit : "Écoute, ô Déesse, je vais te parler des divers types de dhāraṇā (concentration) et de leur rôle dans la pratique spirituelle. **La dhāraṇā est l'art de concentrer l'esprit sur un seul point ou objet, préparant ainsi l'esprit à la méditation profonde.**"

3. **"Il existe plusieurs types de dhāraṇā, dont la concentration sur un objet externe, la concentration sur un point interne, et la concentration sur un concept spirituel."**

4. "La concentration sur un objet externe implique de fixer son attention sur un objet physique tel qu'une flamme, une image de divinité, ou un cristal. Cela aide à stabiliser l'esprit et à développer la concentration."

5. **"La concentration sur un point interne consiste à diriger l'attention vers un point à l'intérieur du corps,**

tel que le point entre les sourcils ou le centre du cœur. Cela favorise l'introspection et l'harmonisation des énergies internes."

6. *"La concentration sur un concept spirituel implique de méditer sur une idée ou un enseignement spirituel, tel que la nature de la conscience ou l'unité avec le Divin. Cela éveille la sagesse et la compréhension spirituelle."*

7. *"La Déesse demanda : 'Quels sont les bénéfices spécifiques de chaque type de dhāraṇā ?'"*

8. *Śiva répondit : "La concentration sur un objet externe stabilise l'esprit et développe la concentration.* **La concentration sur un point interne favorise l'introspection et l'harmonisation des énergies internes. La concentration sur un concept spirituel éveille la sagesse et la compréhension spirituelle."**

9. **"En pratiquant ces formes de dhāraṇā avec dévotion et persévérance, le pratiquant peut atteindre un état de méditation profonde et de clarté mentale,** *préparant ainsi l'esprit à l'éveil spirituel."*

10. *"Ainsi, ô Déesse, je t'ai révélé les divers types de dhāraṇā et leurs bénéfices. Pratique-les avec foi et dévotion, et tu atteindras la concentration et la clarté mentale nécessaires à la méditation et à la réalisation spirituelle."*

11. *La Déesse répondit : "Merci, ô Seigneur, pour cette guidance précieuse. Je vais pratiquer la dhāraṇā avec dévotion et persévérance."*

12. *Śiva conclut : "Que tous les êtres atteignent la*

concentration et la clarté mentale en suivant la voie de la dhāraṇā. Que cette connaissance se répande dans le monde entier et apporte la félicité à tous les chercheurs de vérité."

Chapitre 20

1. *La Déesse dit : "Ô Seigneur, parle-moi des divers types de samādhi (absorption méditative) et de leur rôle dans la réalisation spirituelle."*

2. *Śiva répondit : "Écoute, ô Déesse, je vais te parler des divers types de samādhi (absorption méditative) et de leur rôle dans la réalisation spirituelle.* ***Le samādhi est l'état d'union profonde et ininterrompue avec le Divin."***

3. *"Il existe plusieurs types de samādhi, dont le savikalpa samādhi et le nirvikalpa samādhi."*

4. ***"Le savikalpa samādhi est un état de méditation où la conscience est encore reliée à des pensées ou des objets. C'est un état de profonde absorption, mais où des formes subtiles de dualité subsistent."***

5. ***"Le nirvikalpa samādhi est un état de méditation où la conscience est totalement immergée dans le Divin, sans aucune pensée ou distinction d'objets. C'est un état de pure unité et de béatitude."***

6. *"La Déesse demanda : 'Quels sont les bénéfices spécifiques de chaque type de samādhi ?'"*

7. *Śiva répondit :* ***"Le savikalpa samādhi développe la concentration et l'absorption profonde, préparant l'esprit à la réalisation ultime. Le nirvikalpa samādhi***

conduit à la réalisation de l'unité avec le Divin et à la libération de l'âme."

8. *"En pratiquant ces formes de samādhi avec dévotion et persévérance, le pratiquant peut atteindre l'état d'union divine et la réalisation de sa véritable nature."*

9. *"Ainsi, ô Déesse, je t'ai révélé les divers types de samādhi et leurs bénéfices. Pratique-les avec foi et dévotion, et tu atteindras l'union divine et la réalisation spirituelle."*

10. *La Déesse répondit : "Merci, ô Seigneur, pour cette guidance précieuse. Je vais pratiquer le samādhi avec dévotion et persévérance."*

11. *Śiva conclut : "Que tous les êtres atteignent l'union divine et la réalisation spirituelle en suivant la voie du samādhi. Que cette connaissance se répande dans le monde entier et apporte la félicité à tous les chercheurs de vérité."*

Chapitre 21

1. *La Déesse dit : "Ô Seigneur, parle-moi des diverses pratiques de dévotion (bhakti) et de leur rôle dans l'atteinte de l'union divine."*

2. *Śiva répondit : "Écoute, ô Déesse, je vais te parler des diverses pratiques de dévotion (bhakti) et de leur rôle dans l'atteinte de l'union divine. **La bhakti est l'amour intense et désintéressé pour le Divin, qui conduit à l'union spirituelle."***

3. *"Il existe plusieurs pratiques de bhakti, dont le chant des louanges (kīrtana), la récitation des noms divins*

160

(japa), et la méditation dévotionnelle (bhāva dhyāna)."

4. *"Le kīrtana consiste à chanter les louanges du Divin en groupe, créant une atmosphère de dévotion collective. Cela purifie le cœur et élève l'esprit."*

5. ***"Le japa est la récitation répétée des noms divins ou de mantras. Cette pratique calme l'esprit, éveille l'amour divin et conduit à une absorption profonde dans le Divin."***

6. ***"Le bhāva dhyāna est la méditation sur les qualités et les attributs du Divin. Cela développe une relation intime avec le Divin et éveille des sentiments profonds de dévotion et de joie."***

7. *"La Déesse demanda : 'Quels sont les bénéfices spécifiques de chaque pratique de bhakti ?'"*

8. *Śiva répondit : "Le kīrtana purifie le cœur et élève l'esprit. Le japa calme l'esprit, éveille l'amour divin et conduit à l'absorption profonde. Le bhāva dhyāna développe une relation intime avec le Divin et éveille des sentiments profonds de dévotion et de joie."*

9. *"En pratiquant ces formes de bhakti avec dévotion et persévérance, le pratiquant peut atteindre l'union divine et la réalisation spirituelle."*

10. *"Ainsi, ô Déesse, je t'ai révélé les diverses pratiques de bhakti et leurs bénéfices. Pratique-les avec foi et dévotion, et tu atteindras l'union divine et la réalisation spirituelle."*

11. *La Déesse répondit : "Merci, ô Seigneur, pour cette guidance précieuse. Je vais pratiquer la bhakti avec dévotion et persévérance."*

12.Śiva conclut : *"Que tous les êtres atteignent l'union divine et la réalisation spirituelle en suivant la voie de la bhakti. Que cette connaissance se répande dans le monde entier et apporte la félicité à tous les chercheurs de vérité."*

Chapitre 22

1. *La Déesse dit : "Ô Seigneur, parle-moi des diverses formes de jñāna (connaissance) et de leur rôle dans l'atteinte de la libération."*

2. *Śiva répondit : "Écoute, ô Déesse, je vais te parler des diverses formes de jñāna (connaissance) et de leur rôle dans l'atteinte de la libération. **Le jñāna est la connaissance spirituelle qui dissipe l'ignorance et conduit à la réalisation de la vérité ultime**."*

3. ***"Il existe plusieurs formes de jñāna, dont le jñāna des écritures** (śāstra jñāna), **le jñāna de l'intuition** (pratibha jñāna), **et le jñāna direct** (aparokṣa jñāna)."*

4. ***"Le śāstra jñāna est la connaissance acquise par l'étude des écritures sacrées. Cela aide à comprendre les vérités spirituelles et à guider la pratique spirituelle."***

5. ***"Le pratibha jñāna est la connaissance intuitive qui émerge de la méditation profonde et de la contemplation. Cela révèle les vérités spirituelles directement à l'esprit."***

6. ***"L'aparokṣa jñāna est la connaissance directe et immédiate de la vérité, obtenue par l'expérience spirituelle directe. Cela conduit à la réalisation de***

l'unité avec le Divin."

7. *"La Déesse demanda : 'Quels sont les bénéfices spécifiques de chaque forme de jñāna ?'"*

8. *Śiva répondit : "Le śāstra jñāna aide à comprendre les vérités spirituelles et guide la pratique spirituelle. Le pratibha jñāna révèle les vérités spirituelles directement à l'esprit. L'aparokṣa jñāna conduit à la réalisation de l'unité avec le Divin."*

9. ***"En cultivant ces formes de jñāna avec dévotion et persévérance, le pratiquant peut dissiper l'ignorance et atteindre la libération."***

10.*"Ainsi, ô Déesse, je t'ai révélé les diverses formes de jñāna et leurs bénéfices. Pratique-les avec foi et dévotion, et tu atteindras la connaissance et la libération spirituelle."*

11.*La Déesse répondit : "Merci, ô Seigneur, pour cette guidance précieuse. Je vais cultiver le jñāna avec dévotion et persévérance."*

12.*Śiva conclut : "Que tous les êtres atteignent la connaissance et la libération spirituelle en suivant la voie du jñāna. Que cette connaissance se répande dans le monde entier et apporte la félicité à tous les chercheurs de vérité."*

Chapitre 23

1. *La Déesse dit : "Ô Seigneur, parle-moi des diverses formes de moksha (libération) et de leur rôle dans la réalisation spirituelle ultime."*

2. *Śiva répondit : "Écoute, ô Déesse, je vais te parler des*

diverses formes de moksha (libération) et de leur rôle dans la réalisation spirituelle ultime. **La moksha est la libération de l'âme du cycle de la naissance et de la mort, et l'union avec le Divin."**

3. **"Il existe plusieurs formes de moksha, dont le sālokya (demeurer dans le même monde que le Divin), le sāmīpya (proximité avec le Divin), le sārūpya (avoir la même forme que le Divin), et le sāyujya (union complète avec le Divin)."**

4. *"Le sālokya consiste à demeurer dans le même monde que le Divin, partageant ainsi la présence divine et bénéficiant de sa protection et de sa guidance."*

5. *"Le sāmīpya est la proximité avec le Divin, où l'âme reste toujours proche de la présence divine, vivant en union constante avec le Divin."*

6. *"Le sārūpya est l'obtention de la même forme que le Divin, où l'âme adopte les caractéristiques divines et partage les attributs du Divin."*

7. *"Le sāyujya est l'union complète avec le Divin, où l'âme se dissout totalement dans le Divin et atteint la béatitude éternelle."*

8. *"La Déesse demanda : 'Quels sont les bénéfices spécifiques de chaque forme de moksha ?'"*

9. *Śiva répondit : "Le sālokya procure la présence et la protection divine. Le sāmīpya offre une union constante et une proximité avec le Divin. Le sārūpya confère les caractéristiques et les attributs divins. Le sāyujya réalise l'union complète et la béatitude éternelle avec le Divin."*

10. **"En cultivant la dévotion, la sagesse et la pureté, le pratiquant peut atteindre ces formes de moksha et** *réaliser la libération spirituelle ultime."*

164

11. *"Ainsi, ô Déesse, je t'ai révélé les diverses formes de moksha et leurs bénéfices. Pratique-les avec foi et dévotion, et tu atteindras la libération spirituelle ultime."*

12. *La Déesse répondit : "Merci, ô Seigneur, pour cette guidance précieuse. Je vais cultiver la dévotion, la sagesse et la pureté pour atteindre la moksha."*

13. *Śiva conclut : "Que tous les êtres atteignent la libération spirituelle ultime en suivant la voie de la dévotion, de la sagesse et de la pureté. Que cette connaissance se répande dans le monde entier et apporte la félicité à tous les chercheurs de vérité."*

BIBLIOGRAPHIE

1. Siva Sutra

- **Titre Original** : शिव सूत्राणि (Śiva Sūtrāṇi)
- **Auteur** : Vasugupta
- **Date** : 9ème siècle
- **Source** : Traditions orales et manuscrits anciens
- **Édition** :
    - Kṣemarāja, "Shiva Sutras: The Supreme Awakening," traduit par Swami Lakshmanjoo, Universal Shaiva Trust, 2007. ISBN: 978-8188018055.
    - Jaideva Singh, "Shiva Sutras: The Yoga of Supreme Identity," Motilal Banarsidass, 1992. ISBN: 978-8120808696.

2. Spanda Karika

- **Titre Original** : स्पन्द कारिका (Spanda Kārikā)
- **Auteur** : Vasugupta ou Kallata
- **Date** : 9ème siècle
- **Source** : Traditions orales et manuscrits anciens
- **Édition** :
    - Jaideva Singh, "Spanda-Karikas: The Divine Creative Pulsation," Motilal Banarsidass, 1980. ISBN: 978-8120807072.
    - Mark S.G. Dyczkowski, "The Stanzas on Vibration: The SpandaKarika with Four Commentaries," State University of New

York Press, 1992. ISBN: 978-0791408383.
  - Bettina Bäumer, "Spanda-Karikas: The Hymns of Divine Vibration," Indica Books, 2006. ISBN: 978-8186117117.

3. **Vijnana Bhairava**

- **Titre Original** : विज्ञान भैरव (Vijñāna Bhairava)
- **Auteur** : Dialogue entre Bhairava (Shiva) et Bhairavi (la Déesse)
- **Date** : Entre le 7ème et le 8ème siècle
- **Source** : Traditions orales et manuscrits anciens
- **Édition** :
  - Swami Lakshmanjoo, "Vijnana Bhairava: The Manual for Self-Realization," Universal Shaiva Trust, 2003. ISBN: 978-8188018062.
  - Jaideva Singh, "Vijnanabhairava or Divine Consciousness: A Treasury of 112 Types of Yoga," Motilal Banarsidass, 2002. ISBN: 978-8120808192.
  - Paul Reps, "Zen Flesh, Zen Bones: A Collection of Zen and Pre-Zen Writings," Tuttle Publishing, 1994. ISBN: 978-0804831864 (contient des traductions de certaines parties du Vijnana Bhairava).

4. **Pratyabijna Hrdayam**

- **Titre Original** : प्रत्यभिज्ञा हृदयम् (Pratyabhijñā Hṛdayam)
- **Auteur** : Kṣemarāja
- **Date** : 10ème siècle

- **Source** : Manuscrits anciens
- **Édition** :
  - Jaideva Singh, "Pratyabhijna Hridayam: The Secret of Self-Recognition," Motilal Banarsidass, 1990. ISBN: 978-8120807508.
  - Kṣemarāja, "The Doctrine of Recognition: A Translation of Pratyabhijna Hrdayam," traduit par Jaideva Singh, State University of New York Press, 1990. ISBN: 978-0791401780.
  - Paul Muller-Ortega, "The Triadic Heart of Siva: Kaula Tantricism of Abhinavagupta in the Non-dual Shaivism of Kashmir," State University of New York Press, 1989. ISBN: 978-0791401865.

5. Tantrasara

- **Titre Original** : तन्त्रसार (Tantrasāra)
- **Auteur** : Abhinavagupta
- **Date** : 10ème-11ème siècle
- **Source** : Manuscrits anciens
- **Édition** :
  - Gopinath Kaviraj, "Tantrasara of Abhinavagupta," Chaukhambha Sanskrit Sansthan, 2002. ISBN: 978-8120807201.
  - Jayaratha, "Tantraloka: Commentary on the Tantrasara," traduit par Navjivan Rastogi, Motilal Banarsidass, 1987. ISBN: 978-8120804569.

- Abhinavagupta, "The Tantraloka of Abhinava Gupta," traduit par Gautam Chatterjee, Munshiram Manoharlal Publishers, 2011. ISBN: 978-8121511244.

6. **Malinivijayottaratantra**

- **Titre Original** : मालिनीविजयोत्तर तन्त्र (Mālinīvijayottara Tantra)
- **Auteur** : Inconnu
- **Date** : Entre le 7ème et le 9ème siècle
- **Source** : Traditions orales et manuscrits anciens
- **Édition** :
  - Bettina Bäumer, "Malinivijayottara Tantra," Indica Books, 2010. ISBN: 978-8186117170.
  - Swami Lakshmanjoo, "Malinivijaya Varttikam," Universal Shaiva Trust, 2004. ISBN: 978-8188018055.
  - Andre Padoux, "Tantric Mantras: Studies on Mantrasastra," Routledge, 2011. ISBN: 978-0415609195 (contient des études et traductions partielles du Malinivijayottaratantra).

Bibliographie Supplémentaire

- **Kashmir Shaivism: The Secret Supreme** par Swami Lakshmanjoo, Universal Shaiva Trust, 2003. ISBN: 978-8188018017.
- **The Doctrine of Vibration: An Analysis of the Doctrines and Practices of Kashmir Shaivism** par

Mark S.G. Dyczkowski, State University of New York Press, 1987. ISBN: 978-0887064325.

- **Shiva Sutras: The Supreme Awakening** par Swami Lakshmanjoo, Universal Shaiva Trust, 2007. ISBN: 978-8188018055.
- **Spanda-Karikas: The Divine Creative Pulsation** par Jaideva Singh, Motilal Banarsidass, 1980. ISBN: 978-8120807072.
- **Vijnana Bhairava: The Manual for Self-Realization** par Swami Lakshmanjoo, Universal Shaiva Trust, 2003. ISBN: 978-8188018062.
- **Tantrasara of Abhinavagupta** traduit par Various Scholars, Chaukhambha Sanskrit Sansthan, 2002. ISBN: 978-8120807201.
- **The Triadic Heart of Siva: Kaula Tantricism of Abhinavagupta in the Non-dual Shaivism of Kashmir** par Paul Muller-Ortega, State University of New York Press, 1989. ISBN: 978-0791401865.

GLOSSAIRE

A

- Āṇavopāya : Méthode de réalisation spirituelle impliquant des pratiques basées sur l'individu, telles que la concentration sur le corps, la respiration, et les sens. Représente la voie de l'effort personnel.
- Atman : L'âme ou le Soi spirituel, perçu comme l'essence éternelle de la conscience.

B

- Bandhas : Contractions musculaires utilisées pour contrôler et diriger l'énergie à travers le corps.
- Bhairava : Un nom de Shiva représentant la férocité et la destruction des forces négatives. Symbolise l'aspect terrifiant et protecteur de la divinité.
- Bhairavi : La déesse ou Shakti associée à Bhairava, souvent considérée comme une incarnation de la puissance divine féminine. Elle est également l'épouse de Bhairava.
- Bhāvanā : Contemplation ou méditation intense sur un principe ou une réalité spirituelle. Utilisé pour désigner la méditation profonde et répétitive.
- Bija : "Semence", terme utilisé pour les mantras qui activent les centres énergétiques.
- Bindu : Point focal de la méditation, souvent situé au sommet de la tête un peu en arrière de la fontanelle, où

171

les cheveux poussent en "tourbillon".

C

- Chakra : Centres d'énergie dans le corps subtil, chacun associé à des aspects spécifiques de la conscience et de la physiologie. Il y a sept chakras principaux alignés le long de la colonne vertébrale.

D

- Dhyāna : Méditation, une pratique visant à la concentration et la contemplation profonde pour atteindre la réalisation spirituelle. Méditation profonde, un état de concentration sans distraction.

G

- Granthi : Nœuds énergétiques ou blocages dans le corps subtil, qui doivent être purifiés ou dissous pour permettre un libre flux d'énergie kundalini.
- Guru : Guide spirituel ou enseignant dans les traditions du yoga, du Tantra et du Kriya Yoga.

H

- Hongsau : Technique de concentration sur le souffle, utilisée pour calmer l'esprit et préparer à la méditation plus profonde (parfois HAMSA).
- Hridaya : Le cœur spirituel, centre de la Conscience spirituelle pour beaucoup ; portail. Terme sanskrit signifiant "cœur". Dans le contexte spirituel et philosophique, hridaya désigne le cœur spirituel,

considéré comme le centre de la conscience et de la vie intérieure. Ce n'est pas simplement l'organe physique, mais plutôt le siège de l'âme et de la Conscience universelle. Hridaya est souvent décrit comme le lieu où réside l'essence divine de l'individu, le point de connexion avec le Soi supérieur ou l'Absolu. C'est également le centre à partir duquel émanent les sentiments de compassion, d'amour et de sagesse spirituelle. Hridaya est souvent décrit comme le lieu où réside l'essence divine de l'individu, le point de connexion avec le Soi supérieur ou l'Absolu. C'est également la quintessence de tous les tattva (principes ou éléments de la réalité) et est vu comme le portail de la libération spirituelle. C'est le centre où l'individu peut réaliser son unité avec le divin.

I

- Iḍā : Canal d'énergie subtile dans le corps, situé à gauche de la colonne vertébrale, associé à l'énergie lunaire, la tranquillité, et l'intuition.
- Ishvara Pranidhana : Dévotion envers une force supérieure ou un aspect personnel de Dieu.

J

- Japa : La récitation répétée de mantras ou de noms divins.

K

- Khechari Mudra : Pratique du yoga où la langue est placée dans le palais, voire dans le nasopharynx, pour contrôler le flux d'énergie.

- Kriya : Techniques spécifiques de travail sur l'Énergie, visant à accélérer le développement spirituel.
- Kundalini : . Représente l'énergie divine.
- Kutastha : Terme utilisé pour désigner la Lumière spirituelle ou le point entre les sourcils dans les pratiques de méditation, souvent associé au troisième œil.

M

- Māyā : Illusion ou voile qui cache la véritable nature de la réalité, créant une perception dualiste du monde. Dans le tantra, māyā est vue comme une puissance de Shiva qui crée l'univers des formes et des illusions.

- Mantra : Formule sacrée ou incantation utilisée pour la méditation et la concentration, souvent répétée pour éveiller les énergies spirituelles. Les mantras sont des sons ou des phrases qui possèdent un pouvoir vibratoire..
- Mudra : Gestes symboliques utilisés dans la pratique du yoga pour influencer le flux d'énergie.

N

- Nāḍi (नाड़ी) : Canaux d'énergie subtile à travers lesquels la force vitale ou prāṇa circule dans le corps. Les trois principaux nāḍis sont Iḍā, Piṅgalā et Suṣumnā.

174

O

- Om ou Aum : Le son cosmique origine, utilisé dans la méditation.

P

- Piṅgalā : Canal d'énergie subtile situé à droite de la colonne vertébrale, associé à l'énergie solaire, l'activité, et le dynamisme.
- Prāṇa (प्राण) : Force vitale ou énergie vitale présente dans tout être vivant pour animer le corps. Prāṇa circule à travers les nāḍis et est essentiel à la vie et à la santé.
- Prakasa : signifie "lumière" ou "éclat". Dans la philosophie du Shivaïsme du Cachemire, prakasa se réfère à la nature lumineuse et auto-révélatrice de la Conscience suprême. C'est l'aspect de la Conscience qui illumine tout et permet la connaissance et la perception. Prakasa est la pure Lumière de la Conscience qui rend tout manifesté et perceptible.
- Pranayama : Techniques de contrôle de la respiration utilisées pour réguler l'énergie vitale.
- Pranava : Autre nom pour le son sacré "Om".

R

- Rāja-yoga : Une forme de yoga qui met l'accent sur la maîtrise de l'esprit par la méditation, la concentration, et les pratiques spirituelles.

- Sadhana : Pratique spirituelle ou discipline.
- Sahasrara : Le chakra couronne, situé au sommet de la tête (fontanelle), considéré comme le centre de la la connexion divine sur le plan énergétique.
- Samādhi : État de conscience dans lequel l'individu s'unit avec la Conscience universelle, transcendant la dualité. C'est le but ultime de la méditation dans le yoga. État de concentration méditative profonde.
- Samsara : Cycle de naissance, de mort et de réincarnation.
- Śakti : Énergie divine ou puissance féminine, souvent personnifiée en tant que déesse et considérée comme l'aspect dynamique de la Conscience (Shiva). Śakti est la force créatrice de l'univers.
- Śaktipāta : Descente ou transmission de l'énergie divine. Dans les traditions tantrika et yogiques, cela se réfère à l'éveil spontané ou à l'activation de la Kundalini par la grâce d'un maître spirituel ou par la divine intervention, permettant au disciple de progresser plus rapidement sur le chemin spirituel.
- Sattarka : Terme sanskrit signifiant "raisonnement pur" ou "raisonnement correct". Dans le contexte philosophique et spirituel, sattarka désigne un type de réflexion ou d'argumentation basée sur des principes clairs qui conduit à la vérité. Ce type de raisonnement est aligné avec la pureté de la conscience et la sagesse spirituelle, et il est utilisé pour discerner la réalité ultime (sat) de l'illusion ou de l'ignorance.
- Shambhavopāya : Méthode de réalisation spirituelle basée sur la Grâce, où la prise de conscience se produit

directement sans intervention de la pensée. Représente la voie de la reconnaissance immédiate de la vérité.

- Shoonia : État de vide ; un concept de méditation profonde où l'absence de pensées mène à la Conscience pure, vivante et vibrante.
- Śiva : Le dieu suprême dans le Shivaïsme, représentant la Conscience universelle et la pureté. Shiva est à la fois le destructeur et le créateur.
- Siva Sutra : Textes fondamentaux révélés à Vasugupta, exposant les principes de la réalisation spirituelle dans le Shivaïsme du Cachemire. Ces aphorismes sont considérés comme la base de la philosophie tantrique du Cachemire.
- Siddhi : Pouvoirs ou capacités extraordinaires obtenus à travers la pratique spirituelle avancée.
- Siddhasana : Posture de méditation, souvent utilisée pour les exercices de concentration, où les pieds sont placés de façon à ce que les talons exercent une pression sur le périnée.
- Spanda : Vibration divine ou pulsation créatrice, considérée comme l'expression dynamique de la Conscience universelle. Spanda est l'énergie subtile qui anime l'univers entier.
- Spanda Karika : Texte attribué à Vasugupta ou Kallata, explorant le concept de Spanda comme la vibration divine animant l'univers.

- Svatantrya : signifie "liberté" ou "autonomie". Dans la philosophie du Shivaïsme du Cachemire, svatantrya fait référence à la liberté absolue et à l'indépendance de la Conscience suprême (Shiva). Cette liberté implique que la Conscience suprême est totalement libre de créer, maintenir et dissoudre l'univers sans être limitée par aucune contrainte externe. Svatantrya est la puissance souveraine qui permet à la Conscience de manifester l'univers de manière spontanée et autonome.

T

- Tantra (तन्त्र) : Ensemble de textes et pratiques spirituelles visant à la réalisation de la Conscience universelle par des méthodes directes et rituelles. Tantra signifie "tisser" ou "expansion" et implique des pratiques rituelles et méditatives pour éveiller la conscience.
- Tantrasara : Texte d'Abhinavagupta, synthèse des enseignements tantrika du Shivaïsme du Cachemire. C'est une explication concise et pratique des principes du Tantra.
- Tattva : Les principes ou éléments de la réalité.
- Turiya : L'état de conscience pure au-delà des trois états habituels de veille, de rêve et de sommeil profond, représentant l'éveil spirituel ou l'illumination ; état dit de "sommeil-éveillé".

U

- Upāya : Méthode ou moyen spirituel pour atteindre la réalisation. Dans le contexte du tantra, il existe plusieurs upāya, chacun adapté à différents niveaux de préparation spirituelle.

V

- Vimarsa signifie "réflexion" ou "auto-réflexion" ou conscience réflexive de la Lumière divine. Dans le contexte du Shivaïsme du Cachemire, vimarsa se réfère d'une part à la capacité de la Conscience suprême de se reconnaître elle-même. C'est la puissance de la conscience réflexive, où la Conscience suprême prend conscience de sa propre nature et de ses propres pouvoirs. Vimarsa est souvent associé à la Shakti, l'aspect dynamique de la Conscience, qui permet à la Conscience de se manifester et de se connaître elle-même. D'autre part, dans la philosophie tantrika, Vimarśa signifie que la Conscience est à la fois le sujet et l'objet de la connaissance, et que toute projection ou manifestation se déroule sur l'"écran" de cette Conscience, puisqu'il n'y a rien en dehors d'elle.

- Vijnana Bhairava Tantra : Dialogue entre Bhairava et Bhairavi, décrivant 112 techniques de méditation pour atteindre la réalisation spirituelle. Ce texte est considéré comme une référence majeure pour les pratiques méditatives dans le tantra.
- Vāsanā : Désirs ou impressions subconscientes qui influencent le comportement et les actions. Dans le contexte du tantra, l'élimination des vāsanās est essentielle pour atteindre l'illumination.
- Vyana Vayu : L'un des cinq principales énergies vitales

(pranas) ; responsable de la circulation et du mouvement à travers tout le corps.

Y

- Yoga : Pratique visant à unir l'individu au divin.

ANNEXES : COMMENTAIRES

1) Commentaires sur les Siva Sutra

Les Shiva Sutras, fondamentaux pour le Shivaïsme du Cachemire, sont divisés en trois sections, chacune représentant une voie différente vers la réalisation spirituelle. Ces enseignements, révélés par Shiva au sage Vasugupta, offrent une vision non dualiste de la Réalité où l'univers est une expression de la Conscience pure (Shiva).

Shambhavopaya : La voie de la Grâce (Śāmbhavopāya)

1. **Unité de la Conscience et de la Réalité** :

   - La Conscience, omnisciente et omnipotente, est identique au Soi véritable. L'univers est perçu comme une manifestation de cette Conscience pure.

2. **Servitude de la connaissance limitée** :

   - La connaissance limitée et contractée est vue comme une forme de servitude. La création et les actions, lorsqu'elles sont perçues comme séparées de la Conscience universelle, engendrent l'illusion et la limitation.

3. **Expérience du quatrième état** :

   - Indépendamment des états de veille, de rêve et de sommeil profond, il existe un quatrième état (turya) de pure félicité et de délice, accessible

181

par la réalisation de la Conscience divine.

4. **Émergence de Bhairava :**

- Bhairava, l'Être Suprême, représente une élévation soudaine de la Conscience divine. La reconnaissance de cette élévation conduit à la dissolution des illusions et à l'union avec la Réalité essentielle.

5. **Triomphe de la non-dualité :**

- La conscience ferme que l'on est Shiva est la clé de la connaissance du Soi. L'union avec le Principe pur permet de transcender toutes les limitations et de résorber l'univers dans la Conscience universelle.

Shaktopaya : La voie de l'Énergie (Śāktopāya)

1. **Utilisation de la Volonté et de la Connaissance :**

- La méditation et la contemplation sont des moyens pour transcender le mental. L'effort zélé et spontané dans la quête spirituelle mène à l'accomplissement.

2. **Pouvoir du Mantra :**

- Le Mantra est l'esprit de celui qui réfléchit constamment à la Réalité suprême. La connaissance du non-dualisme et la satisfaction mentale dans la Conscience pure permettent de transcender les limitations mayiques.

3. **Rôle du Guru :**

- Le Guru est un guide essentiel dans la réalisation spirituelle. L'illumination transmise par un Guru satisfait conduit à une compréhension profonde des lettres sacrées et des mantras.

4. **Immersion dans la Connaissance pure** :

   - L'immersion dans la Connaissance pure transforme l'esprit, révélant la véritable nature de la Réalité. Les modifications mentales sont perçues comme des illusions basées sur des connaissances inférieures.

Anavopaya : La voie de l'individu (Āṇavopāya)

1. **Utilisation du mental et des sens** :

   - La concentration sur le corps, la respiration et les sens est une méthode pour atteindre la réalisation spirituelle. Le mental, lorsqu'il est limité par l'ignorance, est une cause de servitude.

2. **Dissolution des Tattva** :

   - La dissolution des catégories de manifestation (tattva) dans le corps physique, subtil et causal est accomplie par la contemplation (bhāvanā). Cette pratique mène à la maîtrise de la Connaissance naturelle.

3. **Dépassement de Māyā** :

   - La conquête de Māyā (illusion) est essentielle pour atteindre la libération. Le Yogi, en supprimant le désir et en réalisant la nature illusoire du monde, transcende les opposés et atteint l'union avec Shiva.

4. **Méditation et Connaissance pure** :

- La méditation constante sur le Soi et la conscience pure permet de dissoudre les limitations de l'ego. La libération est obtenue par la réalisation de la non-dualité et l'union avec la Conscience universelle.

Les Shiva Sutras enseignent que la réalisation spirituelle se trouve dans la reconnaissance de la Conscience universelle comme essence de l'individu. La servitude naît de l'ignorance de notre nature divine et de la perception limitée de la réalité. En transcendant cette ignorance, par des pratiques allant de l'abandon total (Śāmbhavopāya) à l'utilisation active de la volonté (Śāktopāya) et des techniques corporelles et sensorielles (Āṇavopāya), on atteint la libération (moksha).

L'essence des Shiva Sutras repose sur la reconnaissance de notre identité universelle avec Shiva. Les distinctions entre le divin et l'individu sont des outils pour guider le pratiquant vers une réalisation où ces distinctions disparaissent, révélant une union essentielle avec la Conscience pure. Les enseignements des Shiva Sutras, bien que concis, offrent une synthèse profonde et accessible des voies de libération, influençant largement les développements ultérieurs du Shivaïsme du Cachemire et d'autres traditions non dualistes.

2) Commentaires sur le Spanda Karika

Le Spanda Karika est un texte fondamental du Shivaïsme du Cachemire, centré sur le concept de Spanda, le tremblement sacré ou la vibration divine. Il décrit comment la conscience et l'énergie divine manifestent et réabsorbent l'univers dans un cycle éternel.

1. Manifestation et réabsorption de l'univers

Le Spanda Karika commence par la vénération de Shakti, l'énergie divine.. L'univers n'est qu'une expression de la Conscience divine, sans existence indépendante.

2. Nature illimitée et forme du Tremblement sacré

Le tremblement sacré (Spanda) est décrit comme étant sans forme et illimité. Cela signifie que la vibration divine est la Source de toute création et destruction, sans être limitée par les structures du temps et de l'espace. La Conscience divine est laSsource non-duelle à laquelle le tantrika retourne, transcendant les illusions de la dualité.

3. Transcendance de la dualité

Dans une perspective absolue, plaisir et souffrance, sujet et objet, sont des manifestations de la conscience profonde. Saisir cette vérité conduit à la liberté absolue, où les activités des sens et les impulsions liées à l'ego sont reconnues comme des expressions de cette liberté fondamentale. La réalisation de cette vérité permet au tantrika de transcender les limitations imposées par l'ego.

4. Libération et Reconnaissance de la vraie nature

La libération est atteinte par la reconnaissance de la vraie nature de l'univers et de soi-même. En redécouvrant le tremblement sacré essentiel de la Conscience, le pratiquant échappe à la confusion et au désir limité. La véritable nature est reconnue comme étant à la fois l'agent universel et la subjectivité qui perçoit le monde, permettant au tantrika d'agir librement et de manière spontanée.

5. Union avec le Divin

Le tantrika qui réalise l'union avec Shiva et Shakti expérimente la connaissance et l'objet de la connaissance comme une seule et même réalité. Cette union divine se manifeste comme une pure Conscience, où toutes les distinctions disparaissent, conduisant à une compréhension profonde et à l'expérience directe de la réalité ultime.

6. Pratiques et expériences du Tremblement Sacré

Les pratiques tantrika décrites incluent la contemplation du vide, l'abandon des fruits de l'action, et l'intégration de l'énergie vitale dans les canaux subtils du corps. Ces pratiques révèlent le Tremblement Sacré de la réalité et permettent au tantrika de s'immerger dans la Conscience divine.

7. Présence continue et non-dualité

Le Spanda Karika met l'accent sur la présence continue et la reconnaissance de la non-dualité. La contemplation constante de la vibration divine libère des liens karmiques et des cycles de renaissance, permettant de transcender toutes les limitations et de réaliser l'état de Shiva.

8. État éveillé et activité

Le texte enseigne que le tantrika doit rester présent et vigilant, percevant la réalité comme le jeu de sa propre nature.

L'intégration de cette présence dans toutes les activités mène à la réalisation de la liberté universelle, où le tantrika devient maître des énergies et des phénomènes.

9. Rôle des Mantras et de la parole

Les mantras, lorsqu'ils sont chargés de la puissance du Tremblement Sacré, agissent à travers les sens et l'esprit du tantrika, unissant sa conscience avec celle de Shiva/Shakti. La puissance de la parole est reconnue comme pouvant voiler ou révéler la nature profonde du Soi, selon l'état de conscience du pratiquant.

10. Finalité et but Suprême

Le Spanda Karika conclut que la réalisation ultime est l'union éternelle avec Shiva, Source de toute manifestation et réabsorption. La connaissance du Soi transcende toutes les dualités, et la contemplation constante de cette vibration divine mène à la libération des liens karmiques et à l'immersion dans la Conscience pure, réalisant ainsi la vérité ultime.

3) Commentaire sur le Vijnana Bhairava Tantra

Le Vijnana Bhairava Tantra est un autre texte classique du Tantra composé sous la forme d'un dialogue entre Bhairava (une forme de Shiva) et Bhairavi (la Déesse). Ce texte présente

112 techniques pour atteindre la réalisation spirituelle.

Union de Bhairava et Bhairavi (verset 1) :

- **Essence tantrika** : Bhairava et Bhairavi, représentant Shiva et Shakti, sont unis dans une connaissance transcendante, symbolisant l'unité primordiale de la Conscience et de l'énergie. Le Tantra met en avant cette union comme le fondement de toute manifestation et de toute réalisation spirituelle. C'est dans cette union que se trouve la clé de la compréhension tantrika : l'expérience directe de la non-dualité.

Questions de Bhairavi (versets 2-7) :

- **Recherche de la nature essentielle** : Bhairavi pose des questions fondamentales sur la nature de Bhairava, explorant si cette nature réside dans les phonèmes, mantras, Shakti, chakras, ou dans l'énergie transcendante. Cette quête représente la recherche spirituelle du praticien tantrika pour comprendre la réalité ultime.
- **Énergie immanente et transcendante** : Bhairavi s'interroge sur la Source de la manifestation. L'énergie immanente est celle qui se manifeste dans le monde tangible, tandis que l'énergie transcendante est au-delà des formes manifestées. La distinction entre ces deux énergies est fondamentale dans le Tantra pour comprendre comment l'absolu se manifeste dans le relatif.

Réponse de Bhairava (versets 8-12) :

- **Illusion et réalité** : Bhairava répond que toute forme

188

perçue est une illusion, une fantasmagorie. Cette perspective vise à pousser le pratiquant à voir au-delà des apparences et à se tourner vers la contemplation intérieure. Le monde phénoménal est vu comme une projection de la Conscience, et la véritable essence de Bhairava est au-delà de ces projections.

- **Critique des pratiques extérieures** : Les enseignements axés sur les rites et les pratiques extérieures sont destinés à ceux qui ne sont pas encore prêts à saisir la Réalité suprême. Bhairava affirme que ces pratiques sont des étapes nécessaires pour préparer l'esprit, mais qu'elles ne représentent pas l'essence ultime.

Nature ultime de Bhairava (versets 13-16) :

- **Non-dualité** : Bhairava n'est associé ni aux lettres, ni aux phonèmes, ni aux Shakti, ni aux chakras. Sa nature est absolue et non-duelle. Les distinctions sont des outils pour les esprits immatures, mais la vérité ultime est au-delà de tous ces concepts.

- **Extase mystique** : L'extase mystique transcende la pensée dualisante et les notions de lieu, d'espace et de temps. C'est une expérience directe de la plénitude de la conscience du Soi, où l'individu réalise son unité avec le divin. Cet état est la pure félicité, la reconnaissance de la non-différenciation entre le soi et l'univers.

Adoration et unité (versets 17-22) :

- **Nature de l'adoration** : Bhairava questionne la nécessité de l'adoration dans l'état de non-dualité. Si tout est une expression de Bhairava, alors la distinction entre adorateur et adoré disparaît. La grande Déesse, Shakti, est reconnue comme suprême lorsque l'on réalise cette non-différenciation.

- **Unité de Shiva et Shakti** : Bhairava et Shakti ne sont pas deux entités distinctes. L'énergie des flammes (Shakti) n'est autre que le feu (Shiva). Cette métaphore illustre que toutes les distinctions sont temporaires et servent à guider le pratiquant vers la véritable Connaissance.

- **Porte d'accès au divin** : Celui qui accède à la Shakti comprend la non-distinction entre Shiva et Shakti, ce qui ouvre la porte à la réalisation divine. La reconnaissance de l'espace illuminé par les rayons du soleil, comme une métaphore de la conscience illuminée par l'énergie de Shakti, est essentielle. Shiva est reconnu à travers Shakti, soulignant que l'énergie divine est l'essence de la Conscience.

Le Tantra, en général, et le Vijnana Bhairava Tantra, en particulier, mettent l'accent sur l'expérience directe de la non-dualité. Les distinctions entre Bhairava (Shiva) et Bhairavi (Shakti), entre le divin et le dévot, entre la Conscience et l'énergie, sont des outils pédagogiques pour guider le pratiquant vers une réalisation où ces distinctions disparaissent. La quête de Bhairavi et les réponses de Bhairava illustrent cette "progression", où l'on passe de la compréhension conceptuelle à l'expérience mystique directe. La réalisation ultime est l'union amoureuse de Bhairava et Bhairavi, une métaphore de l'unité essentielle de toute existence.

Questions sur la plénitude absolue (verset 23) :

- **Plénitude de Shakti** : Bhairavi questionne sur l'accès à la plénitude absolue de la Shakti, qui transcende toutes les notions et descriptions, et abolit le temps et l'espace. La recherche de la non-dualité et de la nature suprême de Shakti représente le cœur du chemin tantrika : Comprendre et réaliser que la Shakti pure est la porte secrète pour atteindre l'état de Bhairava. Cette quête transcende les mots et nécessite une expérience directe, car les vérités ultimes ne peuvent être pleinement saisies par le langage conventionnel.

Manifestation de Shakti dans la respiration (versets 24-27) :

- **Mouvement et arrêt du souffle** : La suprême Shakti se manifeste dans les pauses entre l'inspiration et l'expiration. En pratiquant la conscience de ces moments de silence, on accède à l'espace infini où la dualité disparaît. Ces pauses deviennent des portes vers l'expérience directe de la Présence divine.
- **Dissolution de l'égo** : Lorsque la respiration s'immobilise, la notion du "moi" s'efface, révélant la Shakti. Cet état de suspension du souffle est une méditation sur la vacuité et l'immobilité, conduisant à la dissolution de l'égo et à la révélation de la pure Conscience.

Éveil de la Kundalini et des centres d'énergie (versets 28-30) :

- **Kundalini et centres d'énergie** : Visualiser la Shakti

comme une Lumière ascendante qui parcourt les centres énergétiques du corps (chakras) active la Kundalini. Ce processus éveille la Conscience divine, représentée par Bhairava, et manifeste sa splendeur. La méditation sur les centres d'énergie et les lettres sacrées aide à transcender la matérialité et à atteindre la subtilité de Shiva.

Concentration et visualisation (versets 31-37) :

- **Attention entre les sourcils** : Concentrer l'attention entre les sourcils et remplir sa forme de l'essence de la respiration conduit à une immersion dans la spatialité lumineuse, une métaphore de l'union avec la Conscience divine.
- **Objet de contemplation** : Que ce soit un vide, un mur ou une plume de paon, l'objet de contemplation devient une matrice pour révéler la spatialité de l'esprit. Cette pratique aide à percevoir la vraie nature de la conscience au-delà des formes.
- **Canal central et vacuité divine** : La méditation sur le canal central, visualisé comme une tige de lotus, conduit à l'expérience de la vacuité divine, permettant d'accéder à la dimension transcendante de la Shakti.

Son et mantra (versets 38-42) :

- **Centre du son spontané** : Écouter le son continu d'une cascade ou le son interne en se bouchant les oreilles permet d'atteindre Brahman, l'immensité. Cette pratique illustre la puissance des vibrations sonores comme outils de méditation.
- **Chant du mantra OM** : Le mantra OM ou AOM, conduit à la liberté d'être lorsque le son s'éteint. La

concentration sur le son et sa disparition permet d'accéder à la plénitude ineffable du vide.

- **Visualisation des lettres** : La visualisation d'une lettre et sa luminosité aide à entrer dans une expérience plus subtile de la Conscience, se dissolvant finalement dans l'espace et atteignant la liberté spirituelle.

Intégration du corps et de l'espace (versets 43-51) :

- **Spatialité lumineuse du corps** : Percevoir son corps irradiant dans toutes les directions libère de la dualité et intègre le pratiquant à l'espace infini, révélant la nature divine de la Conscience.
- **Contemplation simultanée** : Contempler simultanément la spatialité du haut et de la base du corps (*sahasrara* et *muladhara*) permet de transcender la pensée dualisante et d'épanouir la Conscience divine (dans le coeur *hridaya*).
- **Méditation sur le feu intérieur** : Visualiser un feu ardent qui consume le corps jusqu'à ne laisser que des cendres aide à connaître la tranquillité de l'espace et à réaliser la dissolution des attachements corporels.

Transcendance des formes et des éléments (versets 52-57) :

- **Transformation en brasier** : Voir le monde entier comme un brasier puis contempler les cendres permet d'entrer dans la béatitude, symbolisant la transformation et la purification de l'esprit.
- **Absorption des tattva** : En absorbant les éléments subtils dans leur origine, le pratiquant révèle la suprême Déesse, atteignant l'union ultime avec la conscience divine.
- **Fusion dans la pure Conscience** : Considérer l'univers

entier comme se dissolvant en formes de plus en plus subtiles jusqu'à fusionner dans la pure Conscience mène à l'expérience directe de la non-dualité.

Méditation sur l'espace et le vide (versets 58-67) :

- **Perception de la spatialité** : En percevant l'univers et en devenant la jarre qui le contient, ou en regardant un bol sans voir ses côtés, le pratiquant prend conscience de l'espace infini. Ces pratiques révèlent la nature illimitée de la conscience.

- **Dissolution du regard dans l'espace vierge** : Séjourner dans un lieu spacieux et laisser le regard se dissoudre dans l'espace vierge détend l'esprit et favorise la réalisation de la vacuité.

- **Présence lumineuse dans chaque action** : Concentrez-vous sur l'espace entre l'inspiration et l'expiration dans toutes les activités pour accéder à la félicité. Cette pratique intègre la méditation à la vie quotidienne, rendant chaque instant une opportunité de réaliser la Présence divine.

- **Transcendance des éléments corporels** : Ressentir sa substance corporelle (os, chair, sang) saturée par l'essence cosmique, ou considérer les vents comme son propre corps de félicité, mène à la réalisation de la joie suprême et de l'union avec l'énergie divine.

Ces pratiques et contemplations illustrent la richesse des techniques tantriques pour réaliser la non-dualité et la présence divine en chaque instant et en chaque aspect de l'existence. Le Vijnana Bhairava Tantra nous guide à travers des méthodes variées pour transcender la dualité, intégrer la conscience et l'énergie, et atteindre la réalisation ultime de l'unité avec la conscience universelle.

Union et rituel sexuel (versets 68-70) :

- **Rituel sexuel** : Le Tantra considère le rituel sexuel comme un outil de réalisation spirituelle. En s'abandonnant totalement au frémissement des sens et à l'énergie libérée par la jouissance, on peut accéder à une félicité spatiale, transcendant les limitations corporelles pour toucher l'essence du Soi. Cette pratique illustre l'union divine de Shiva et Shakti. Ce n'est donc pas un acte banal commun mais divinisé et à haute symbolique.
- **Énergie divine** : La jouissance intime n'est pas seulement physique; elle est une manifestation de la divine Shakti. En s'y abandonnant complètement, on expérimente une continuité de cette félicité, réalisable à tout moment par la Présence lumineuse.

Joie et félicité des sens (versets 71-73) :

- **Retrouver un être aimé** : La plénitude de la rencontre amoureuse permet d'accéder à une félicité intense. Le Tantra enseigne que toute rencontre est une opportunité de réaliser la dimension divine de l'amour.
- **Euphorie sensorielle** : Les sensations de plaisir causées par les mets, les boissons ou la musique peuvent aussi être des portes vers la suprême félicité. En se fondant dans cette joie, on accède à l'expérience du divin.

Concentration et méditation (versets 74-81) :

- **Présence constante** : En demeurant dans un état de satisfaction sans fluctuation mentale, on révèle l'essence de la félicité suprême. Cela implique une immersion totale dans le moment présent.

- **Transition entre veille et sommeil** : Le moment précis où l'on s'endort est une porte vers la connaissance de la suprême Déesse, soulignant l'importance des états de transition comme moments propices à la méditation.
- **Fixité du regard et dissolution des tensions** : Fixer le regard sur le ciel clair ou sur un objet ordinaire permet de dissoudre les tensions mentales et d'accéder à une stabilité divine.

Fusion avec l'espace et l'énergie (versets 82-88) :

- **Dissolution corporelle** : Visualiser son corps comme privé de support et laisser sa pensée se dissoudre dans l'espace conduit à une pure présence libérée des rêves. C'est une méthode pour transcender la dualité entre le corps et l'esprit.
- **Mouvement et immobilité** : Jouir de l'extrême lenteur des mouvements aide à fusionner l'esprit paisible avec l'esprit divin, révélant la plénitude dans l'immobilité.
- **Union avec l'obscurité** : En se fondant dans l'obscurité, que ce soit en fermant les yeux ou en les ouvrant, on s'identifie à la forme terrible de Bhairava, expérimentant la transcendance des opposés lumière/obscurité.

Son et vacuité (versets 89-96) :

- **Obstacle et vacuité** : Chaque obstacle sensoriel devient une opportunité de saisir l'instant de vacuité spatiale, une essence de la méditation tantrika. Le son "AH" et sa résonance permettent de se connecter à la sagesse émergente.

- **Nature fallacieuse du désir** : En observant et en abandonnant soudainement un désir, celui-ci retourne à l'espace d'où il est issu, révélant la nature temporaire et fallacieuse des désirs et des connaissances particulières et sa source.

Révélation de l'essence de la conscience (versets 97-104) :

- **Nature du "Je"** : Avant la manifestation du désir ou du savoir, la véritable nature du "Je" est pure et indivise. Cette réalisation de la spatialité profonde de la réalité est centrale à la pratique tantrika.
- **Dissolution de l'égo** : Lorsque la contemplation révèle la vacuité de l'égo, de l'intellect et de l'esprit, toute forme devient un espace illimité, dissolvant la racine de la dualité.
- **Omniprésence de la Conscience** : En réalisant que la Conscience est partout sans différenciation, on transcende le temps et accède à une unité absolue.
- **Transcendance des émotions** : Pénétrer son propre cœur en état de désir extrême ou d'autres émotions intenses permet de découvrir l'apaisement et la tranquillité sous-jacents à ces états.
- **Joie ineffable** : En percevant l'univers comme une fantasmagorie, une joie ineffable surgit, soulignant que l'expérience ultime de la réalité est au-delà des apparences et des constructions mentales.

Non-dualité et intégration (versets 103-104) :

- **Au-delà du plaisir et de la souffrance** : Résider dans la réalité ineffable et spatiale qui relie plaisir et souffrance permet de transcender ces dualités. La réalisation que l'on est en toute chose dissout l'attachement au corps et éveille une joie profonde et une félicité intérieure.

Ces versets révèlent l'essence tantrika de la fusion des opposés, l'utilisation des expériences sensorielles et émotionnelles comme portes d'accès à la Conscience divine, et l'importance de l'expérience directe pour transcender la dualité et réaliser l'unité essentielle de la Réalité. **Le Tantra embrasse toutes les expériences humaines comme des opportunités de croissance spirituelle**, guidant le pratiquant vers une intégration totale de la Conscience et de l'énergie.

Continuons les commentaires, du verset 105 à 163 :

Universalité du désir et de la Conscience

Le Tantra enseigne que le désir est une force universelle présente en toute chose. En réalisant cette omniprésence du désir, le pratiquant pénètre l'espace lumineux de la Conscience, transcendant la dualité sujet-objet. Cela permet aussi de reconnaître que chaque être partage une Conscience commune. Cette reconnaissance est essentielle pour libérer l'esprit de ses supports, menant à l'expérience de la non-dualité où le soi limité devient le Soi absolu. Reconnaître que l'on possède les attributs de Shiva – omniprésence, omnipotence, omniscience – c'est éveiller à sa propre divinité.

Union et intégration

La vraie pratique tantrika réside dans l'union et l'intégration des opposés. Qu'il s'agisse du désir, de la perception sensorielle ou de la dualité sujet-objet, le tantrika voit au-delà de ces distinctions pour réaliser l'unité essentielle. Les métaphores des vagues qui retournent à l'océan ou des flammes qui s'éteignent illustrent la nature cyclique et intégrée de l'existence. L'univers et toutes ses manifestations sont perçus comme des projections de la Conscience, qui trouvent leur origine et leur fin dans cette même Conscience qui est le tout.

Spontanéité et abandon

Le Tantra valorise la spontanéité et l'abandon total comme des moyens de réaliser l'essence divine. Que ce soit par la danse, l'épuisement physique ou la chute soudaine, ces pratiques visent à briser les structures mentales et à révéler l'essence absolue. La dissolution graduelle de l'énergie et de la connaissance permet également de toucher à l'être véritable, soulignant l'importance de l'expérience directe et de l'abandon des identités superficielles.

Méditation et perception du vide

Fixer le regard sur l'espace, arrêter la perception du son, ou contempler la profondeur d'un puits sont autant de techniques pour accéder à la spatialité de l'esprit. Ces pratiques révèlent que la divinité est présente en tous lieux et en toutes choses, et que l'essence du Soi est la pure Conscience spatiale. Même dans les moments de crise ou d'extrême émotion, l'essence de la spatialité de l'esprit peut être saisie, montrant que chaque expérience est une opportunité de réalisation spirituelle.

Non-dualité et omniprésence

Le Tantra transcende les notions de pureté et d'impureté, affirmant que tout est divin. En saisissant que la réalité de Bhairava est présente en toute chose, on réalise l'unité avec l'univers. Cette vision non-dualiste permet de résider dans une félicité constante, au-delà des fluctuations émotionnelles. Libéré de la haine et de l'attachement, on trouve la paix dans le divin intérieur.

Intégration des sens et de l'esprit

199

Les pratiques tantrika intègrent les sensations et les expériences sensorielles comme des portes d'accès à la Conscience divine. Qu'il s'agisse de jouissance sensorielle, de concentration sur le souffle, ou de méditation sur les sons et les objets, chaque pratique vise à unifier l'expérience sensorielle avec la conscience supérieure. En dépassant l'objet de la perception et en fixant la pensée sur l'espace vide et lumineux, le pratiquant accède à une dimension plus subtile de la réalité.

Transmission et pratique

Les enseignements mystiques du Vijnana Bhairava Tantra doivent être pratiqués avec dévotion et constance. La transmission de ces enseignements aux êtres généreux et dévoués garantit leur intégrité et leur puissance. La réalisation de Shiva grâce à l'énergie de Shakti, et l'union illuminée dans l'indifférencié, symbolisent l'achèvement de l'union divine et la réalisation ultime de la non-dualité. La pratique assidue mène à la béatitude éternelle et à la liberté spirituelle.

Les versets du Vijnana Bhairava Tantra révèlent que l'essence du Tantra réside dans l'intégration de toutes les expériences, la reconnaissance de l'universalité de la conscience et du désir, et la réalisation de la non-dualité. Chaque pratique, qu'elle soit sensorielle, méditative ou spontanée, est une porte vers la réalisation de l'unité essentielle avec le divin.

La pratique constante et dévouée de ces enseignements permet de transcender les illusions mondaines et de vivre en harmonie avec la conscience universelle, menant à une béatitude éternelle et à une liberté spirituelle.

4) Commentaire sur le Pratyabhijna Hridayam

Le Pratyabhijna Hridayam, écrit par Kṣemarāja au 10ème siècle, est un texte fondamental du Shivaïsme du Cachemire. Il présente les enseignements de l'école Pratyabhijna, qui se concentre sur la reconnaissance directe de notre véritable nature en tant que Conscience universelle.

Le Pratyabhijna Hridayam se compose de 20 sutras (aphorismes) qui expliquent la reconnaissance de la Conscience divine en soi. Kṣemarāja clarifie et synthétise les enseignements de son maître Abhinavagupta, rendant la philosophie de Pratyabhijna accessible et pratique.

Le Pratyabhijnahrdayam, texte central du Shivaïsme du Cachemire, enseigne que la libération spirituelle et la reconnaissance de notre nature divine passent par la réalisation que l'âme individuelle (jiva) et la conscience universelle (Shiva) ne font qu'une.

Nature de la Conscience et manifestation de l'univers

1. **Reconnaissance et Libération** : La libération est atteinte par la reconnaissance de notre propre nature divine, nous libérant de l'illusion (māyā). La Conscience pure se manifeste comme l'univers par sa propre volonté, malgré son essence indivisible et unique.

2. **Illusion de la dualité** : L'univers manifesté est comparé à un rêve : bien qu'il semble réel, il est en fait irréel (pas au niveau relatif mais de l'absolu) et ne prend sens que tant que nous ne sommes pas éveillés à la véritable nature de la Réalité. La Conscience pure se limite par māyā pour devenir notamment des âmes individuelles,

mais conserve toujours sa nature divine.

Unité et indivisibilité de la Conscience

3. **Nature indivisible de la Conscience** : Bien que la Conscience semble divisée en multiples âmes individuelles, elle reste une et indivisible dans son essence. La réalité ultime, bien qu'elle apparaisse sous différentes formes et fonctions, reste unique dans son essence.

4. **Fonctions divines** : Même en état de limitation, l'âme individuelle accomplit les cinq fonctions divines de création, de maintien, de destruction, de dissimulation et de grâce (śaktipāta). Cette capacité divine persistante souligne la nature divine de chaque âme.

Processus de reconnaissance et de Libération

5. **Reconnaissance progressive** : La reconnaissance de la véritable nature de l'âme se fait progressivement (krama), à travers des expériences spirituelles répétées et une conscience stable de la réalité ultime. La méditation sur cette vérité aide à stabiliser la conscience individuelle dans la Réalité ultime.

6. **Projection de la Conscience** : L'univers est une projection de la Conscience divine, semblable à une image sur une toile (aujourd'hui on dirait aussi un écran de cinéma). Reconnaître cette vérité permet de libérer la conscience individuelle des illusions du monde manifesté.

202

Unification et félicité

7. **Unification de la Conscience** : Le processus d'unification de la conscience individuelle avec la Conscience divine est central dans cette tradition. Le yogi utilise diverses techniques pour faciliter cette unification et pour éliminer les obstacles à la reconnaissance de sa nature divine.

8. **État de félicité et liberté** : La reconnaissance de cette vérité mène à un état de félicité constante et de liberté, même au milieu des activités du monde. Cette réalisation finale confère au yogi des pouvoirs divins et la capacité de gouverner le déroulement des événements dans l'univers.

Le *Pratyabhijnahrdayam* enseigne que la réalisation spirituelle est fondée sur la reconnaissance de notre unité avec la conscience universelle. En surmontant l'illusion de la dualité et en stabilisant notre conscience dans la Réalité ultime, nous accédons à un état de libération, de félicité et de pouvoir divin. Ce texte met en lumière la nature divine inhérente à chaque individu et propose un chemin progressif pour en prendre conscience et l'intégrer pleinement dans notre vie quotidienne.

5) Commentaire sur le Tantrasara

Le Tantrasara est un texte fondamental d'Abhinavagupta, qui offre une synthèse des enseignements tantrika du Shivaïsme du Cachemire. Ce texte est une version abrégée du monumental Tantraloka et est destiné à rendre les enseignements tantrika plus accessibles.

Le Tantrasara présente les principes et pratiques essentiels du tantra non duel, mettant l'accent sur l'union de Shiva (Conscience) et Shakti (Énergie). Abhinavagupta, en tant que maître accompli, offre des explications claires et pratiques pour guider les chercheurs spirituels vers la réalisation de leur nature divine.

Commentaire du premier chapitre

Le premier chapitre du Tantrasara d'Abhinavagupta explore la nature de la Conscience et la voie vers la libération, en soulignant l'importance de la connaissance pour surmonter l'ignorance.

Union des Principes éternels

Le texte commence par l'évocation de la Grande Mère (Shakti) et du Père (Shiva), symbolisant la fusion de l'énergie et de la Conscience, qui sont à l'origine de la création et de la manifestation de l'univers.

Importance de la Connaissance

Abhinavagupta affirme que la connaissance est la clé de la libération car elle s'oppose à l'ignorance, qui est la cause fondamentale de l'attachement et du cycle de la vie (samsara). L'ignorance est de deux types :

- **Intellectuelle** : Caractérisée par l'indécision ou la fausse certitude.
- **Individuelle** : De nature conceptuelle, rétrécissant la perception et empêchant la véritable compréhension.

Initiation et purification

L'initiation, qui purifie pour faire apparaître la vérité et unit à Shiva, ne peut se produire qu'en l'absence d'ignorance intellectuelle. La certitude et la pratique des concepts justes mènent à l'état sans concepts, permettant à l'âme de retrouver sa nature lumineuse et divine.

Autorité des Écritures

Les écritures sont vues comme moyens de libérer de tous liens par la transmission de la connaissance pure et véritable. Elles sont subdivisées en plusieurs courants, le Mālinīvijaya étant considérée comme la plus essentielle.

Nature de la Lumière Suprême

Abhinavagupta décrit la Lumière suprême comme étant consciente, autonome, unique, omniprésente, éternelle, et de nature omniforme. Cette Lumière, représentant la Conscience, révèle les objets et est indépendante de toute autre lumière. Elle possède cinq pouvoirs : félicité (ānandaśakti), émerveillement (icchāśakti), nature de lumière (citchakti), capacité réflexive (jñānaśakti), et capacité à prendre toutes les formes (kriyāśakti).

Manifestation et liberté

La Lumière suprême se manifeste soit comme un individu limité par sa propre liberté, soit comme l'absolu libre de toute limitation. Cette liberté peut se manifester de manière immédiate ou progressive, à travers trois moyens :

- **Śāmbhava** : Voie du désir.

- **Śākta** : Voie de la connaissance.
- **Āṇava** : Voie de l'action.

Processus de Reconnaissance

L'âme, de nature shivaïque, cache sa véritable nature par son propre jeu, puis se manifeste à nouveau dans sa plénitude, de manière progressive ou instantanée. Ce processus de reconnaissance est essentiel pour atteindre la libération et retrouver la véritable nature divine de l'âme.

Ce premier chapitre du Tantrasara met donc en lumière la nécessité de la connaissance pour surmonter l'ignorance, l'importance des écritures, et la nature suprême de la Conscience. Il décrit également le processus de manifestation et de reconnaissance de l'âme, guidant le pratiquant vers la libération et l'union avec la Conscience universelle.

Commentaire du chapitre 2

État sans Moyen (Anupāya)

Le second chapitre du Tantrasara explore l'état sans moyen, où l'union avec le divin est atteinte sans recours aux pratiques conventionnelles. Cela se produit lorsqu'un individu reçoit une puissante Grâce divine (śaktipāta) et comprend instantanément l'enseignement du maître. Dans cet état, la réflexion pure (tarka) sur la nature de la Conscience est suffisante.

Union constante et auto-réalisée

L'état sans moyen repose sur la reconnaissance que la véritable nature du Soi est auto-lumineuse et éternelle. Aucune méthode ni pratique spécifique n'est nécessaire pour réaliser cette union, car la Conscience suprême n'a besoin de rien pour s'accomplir. Toute la réalité est perçue comme une seule Conscience pure, libre de toute limitation temporelle, spatiale ou conceptuelle.

Autonomie et félicité

Cette Conscience autonome se manifeste par sa propre volonté, réalisant sa nature essentielle sans moyen externe. Celui qui reconnaît cela fermement entre instantanément dans la Lumière de Shiva. Cette réalisation transcende les mantras, rituels, méditations et autres disciplines. Les moyens conventionnels ne sont pas nécessaires pour révéler Shiva, de la même manière qu'un pot ne peut contenir mille rayons de lumière.

Accès instantané à la Lumière

La contemplation noble sur cette vérité permet d'accéder instantanément à la Lumière auto-lumineuse de Shiva. Cette réalisation immédiate est possible pour ceux qui comprennent profondément la nature de la Conscience suprême.

Commentaire du chapitre 3

Nature de Shiva et union avec Bhairava

Le troisième chapitre aborde la nature de Shiva en tant que Conscience lumineuse et le processus d'union avec Bhairava. Lorsque l'on ne peut atteindre directement l'état de non-dualité, on observe la puissance de la liberté divine (*svātantryaśakti*) et expérimente une union non conceptuelle avec Bhairava.

Réflectivité de l'univers

L'univers est décrit comme un reflet dans le "ciel" de la Conscience. Les manifestations perçues ne sont que des reflets sans substance réelle, similaires à des images dans un miroir ou des sensations sans véritable cause. Ces reflets, bien qu'illusoires dans l'absolu, témoignent de la présence de la conscience divine dans le relatif.

Conscience et énergie divine

La Conscience suprême (parameśvara) maintient l'univers comme un reflet de sa propre nature. Elle est l'essence de toute chose et se manifeste librement sous forme d'univers. La Conscience est la Source et le "lieu" de manifestation de tout ce qui existe.

Énergies principales du Seigneur

Trois principales énergies sont identifiées : Anuttara (suprême), Iccā (volonté), et Unmeṣa (émerveillement). Ces énergies symbolisent les aspects de repos, de pouvoir et de déploiement créatif de la Conscience. Elles se manifestent par des sons symboliques qui représentent les divers aspects de l'énergie divine.

Manifestation et dissolution

La manifestation de l'univers à partir de la Conscience suit un processus d'émergence et de déploiement. Les sons gutturaux, palataux et autres représentent différentes phases de cette manifestation. La volonté, l'expansion et l'union des énergies créent les perceptions et les sons qui forment l'univers.

Union et Libération

La réalisation de la véritable nature de la Conscience permet de transcender les distinctions et de percevoir l'univers comme une manifestation du Soi. En percevant l'univers comme un reflet sans distinction, on atteint la libération de son "vivant", depuis son existence manifestée (jīvanmukti) par l'union non conceptuelle (śāmbhava). Dans cet état, aucune contrainte de mantras ou de disciplines n'est nécessaire.

Perception de l'univers

La Conscience perçoit l'univers comme des créations variées à l'intérieur du Soi, tout comme un miroir reflète diverses images sans être affecté. La libération est atteinte en réalisant que toute manifestation est une projection de la Conscience divine au sein de la Conscience divine.

Commentaire du chapitre 4

Purification et contemplation

Le quatrième chapitre du Tantrasara explore le processus de purification mentale nécessaire pour entrer dans la nature de Shiva. La méthode de contemplation, intégrant la réflexion appropriée, les écritures sacrées et les enseignements d'un maître authentique, est essentielle pour atteindre cet état.

Dissolution des attachements

La croyance que les êtres sont liés par leurs constructions mentales cause l'attachement au cycle de la vie (samsara). La pensée discriminante, c'est à dire le discernement, en revanche, s'oppose à cet attachement et conduit à la libération. Cette clarté mentale transcende tous les éléments distincts jusqu'à Shiva, réalisant la pure conscience (saṁvinmātra), la réalité ultime.

Illusion et vérité ultime

Ceux aveuglés par l'illusion (māyā) ne réalisent pas cette vérité à cause de l'absence de réflexion appropriée, non totalement purifiée. Limités par l'attachement passionné, ils rejettent les vérités profondes et les enseignements des maîtres authentiques. La purification mentale, induite par une puissante descente de Grâce (śaktipāta), permet de percevoir la vérité ultime.

Initiation et Connaissance

La vérité ultime, auto-lumineuse et omniprésente, ne dépend pas des moyens (upāya) pour se révéler. Ceux touchés par la Grâce divine n'ont pas besoin de méthodes structurées, tandis que d'autres suivent une progression selon les écritures et les enseignements. La réflexion appropriée (sattarka) est l'unique pratique efficace pour réaliser l'union avec la vérité suprême de Shiva.

Symbolisme des pratiques

Les pratiques comme le sacrifice, les offrandes de feu, les récitations, les vœux et le yoga symbolisent que tous les éléments résident dans la conscience suprême de Shiva. Ces pratiques symboliques, telles que l'offrande de fleurs et de parfums, fixent la conscience sur cette vérité. La récitation intérieure (japa) ignore les distinctions externes, et le vœu (vrata) voit l'égalité universelle.

Nature de la Conscience

La Conscience suprême, source de toute création, est appelée par divers noms dans les écritures : Kula, Hṛdaya, Spanda, etc. Ces noms indiquent sa nature en tant que Source contenant toutes les énergies. Les énergies principales - suprême (parā), intermédiaire (parāparā) et inférieure (aparā) - résument l'univers.

Commentaire du chapitre 5

Clarté Mentale et Connaissance

Le cinquième chapitre traite de la clarté mentale qui se purifie sans recourir à d'autres moyens, s'élevant à la forme de la puissance suprême grâce à la Connaissance pure. Lorsque cette clarté mentale dépend d'un autre moyen, elle perçoit des objets limités comme le mental, la respiration et le corps, manifestant ainsi la connaissance individuelle (āṇava).

Méditation sur la Conscience

La méditation appropriée consiste à se concentrer sur la conscience auto-lumineuse, englobant tous les tattvas, dans le cœur. Cette méditation transforme le méditant en un feu de Mahabhairava, et en méditant sur la vacuité à travers les sens, on crée une unité non différenciée avec tous les objets externes.

211

Processus de création et dissolution

La méditation sur les résidus des impressions conduit à la réalisation de l'indépendance de la conscience. La création, le maintien et la dissolution constants conduisent à l'état de Bhairava et à toutes les réalisations désirées. Le yogi médite sur le Seigneur entouré des douze grandes énergies, réalisant l'unité des objets externes et internes.

Souffle et félicité

L'élévation du souffle, à partir du vide du cœur, permet de percevoir l'universalité et de libérer les désirs. Les niveaux de félicité (ananda, nirānanda, parānanda, brahmānanda, mahānanda, cidānanda) sont atteints par l'union des souffles. Ces niveaux conduisent à un état de repos intérieur continu, l'essence de l'univers.

Son et vibration consciente

Le son subtil, représentant les graines de la création et de la dissolution, est essentiel pour révèler la Conscience suprême. Les sons gutturaux et palataux, formés par la méditation intérieure, fusionnent avec la Conscience suprême. La pratique des sons (varṇa) et des mudrās permet d'obtenir la Conscience vibrante en complètude.

Commentaire du Chapitre 6

Pratiques externes et préparation des lieux

Le sixième chapitre du Tantrasara traite des pratiques externes, également connues sous le nom de "préparation des lieux". Ces pratiques sont classées en trois catégories principales : la respiration (prāṇavāyu), le corps (śarīra), et l'environnement externe (bāhya).

Respiration et temps

- La respiration est essentielle pour comprendre le temps (kāla) et la manifestation interne du Seigneur Suprême (parameśvara). La déesse Kāli symbolise cette manifestation temporelle.
- La respiration, composée de cinq formes, pénètre et anime le corps, reliant les parcours du temps et de l'espace à travers les principes (tattvas) et les sphères mystiques (purā).

Analyses de la respiration

- La respiration est perçue depuis le cœur et parcourt le corps entier. Les différentes unités de temps, telles que "ghaṭikā" (une heure) et "tuṭi" (une fraction de respiration), sont mesurées par le parcours respiratoire.
- Le temps est également divisé en périodes de jour et de nuit, quinzaine sombre (kṛṣṇapakṣa) et lumineuse (śuklapakṣa), et cycles plus longs comme les mois, les années et les yugas (cycles cosmiques).

Perception de la divinité

- En observant la respiration et les cycles de création,
  maintien, et dissolution, on réalise sa propre divinité et
  atteint la libération.
- La conscience perçoit la puissance de la respiration
  comme une manifestation du temps, permettant
  d'atteindre l'état de Bhairava.

Commentaire du Chapitre 7

Absorption des manifestations

Le septième chapitre traite de l'absorption des diverses
manifestations dans le corps, la respiration, le mental, et la
conscience parfaite (saṁvedana).

Absorption et compréhension ultime

- Les diverses formes de l'univers sont absorbées dans le
  corps, puis dans la respiration, le mental, le vide
  (śūnya), et enfin dans la Conscience, parfaite.
- Cette absorption permet d'éviter de voir les parties de
  l'univers comme distinctes et séparées, et de
  comprendre la véritable nature de la réalité.

Importance des méthodes traditionnelles

- Suivre les méthodes traditionnelles (prakriyā) est
  crucial pour atteindre la compréhension ultime. Cela
  inclut la compréhension des principes (tattvas) et de
  leur hiérarchie.

Hiérarchie des principes ou catégories

- Les principes, tels que la terre, l'eau, le feu, l'air, l'éther, l'ego, l'intellect, et la nature primordiale, sont hiérarchisés en dimensions de plus en plus subtiles.
- Les principes supérieurs incluent les concepts de māyā, de la connaissance pure (śuddhavidyā), et des énergies divines (śakti).

Perception de l'univers

- En réalisant l'unité de ces principes et en percevant l'univers comme une manifestation de la Conscience, on atteint l'état de Bhairava.

Commentaire du Chapitre 8

Chemin des principes (Tattvādhvā)

Le huitième chapitre explore le chemin des principes (tattvādhvā), expliquant comment l'univers manifesté est une expression de la grande lumière (mahāprakāśa) et de la forme ultime de Śiva.

Manifestation de l'univers

- L'univers, avec ses diverses formes et expériences, est une manifestation de la Lumière divine. Chaque principe (tattva) a des caractéristiques spécifiques, comme la solidité de la terre ou la fluidité de l'eau.
- Les relations de cause à effet parmi les principes peuvent être absolues (pāramārthika) ou conventionnelles (kalpitā), toutes étant une

manifestation de la Volonté divine.

Pouvoirs du Seigneur Suprême

- **Les cinq principaux pouvoirs du Seigneur** Suprême (cit, ānanda, icchā, jñāna, kriyā) **résident dans les cinq principes des plus subtils** : Śiva, Śakti, Sadāśiva, Īśvara, et Vidyā.
- Les principes supérieurs (śuddhādhvā) incluent des niveaux de conscience pure, tandis que les principes inférieurs ou impurs (aśuddhādhvā) sont destinés aux âmes limitées et incluent des éléments comme les passions et la connaissance non purifiée.

Libération des voiles

- Les voiles (kañcuka) limitent le pouvoir et le savoir de l'âme. En les retirant, l'âme atteint la pureté et réalise son unité avec le Seigneur.
- Les principes allant de la terre aux éléments subtils et aux sens forment la base de la création universelle.

Retour à la pureté originelle

- La réalisation du chemin des principes conduit à l'état de Bhairava, où l'âme perçoit l'univers entier comme une manifestation de sa propre Conscience.
- La compréhension des vagues de la Conscience infinie permet de percevoir tous les éléments et les tanmātras comme des expressions de la Conscience divine.

Commentaire du Chapitre 9

Distinctions des Tattvas

Le neuvième chapitre du Tantrasara explore les distinctions des tattvas (principes) en sept catégories selon le texte des Ṣaḍardha-śāstra. Ces catégories comprennent : Śiva, Mantramaheśvara, Mantreśa, Mantra, Vijñānākala, Pralayākala, et Sakala.

Détenteurs de pouvoirs

- Les sept catégories de tattvas sont dotées de pouvoirs (śaktimantaḥ) et se manifestent par la grâce de la déesse Aparābhaṭṭārikā.
- Ces détenteurs de pouvoirs sont classés en deux groupes : ceux qui sont prépondérants en pouvoir et ceux en éléments. Leur forme repose en Śiva grâce à la grande déesse.

Hiérarchie des pouvoirs

- La distinction parmi les détenteurs de pouvoirs clarifie les différences entre eux, de Sakala à Śiva. Les pouvoirs sont présents de manière distincte en chaque tattva et s'éveillent progressivement vers la pure connaissance.
- Les pouvoirs de Sakala reposent dans Vidyākalā, tandis que chez les Mantramaheśvaras, ils prennent la forme de la volonté (icchā-śakti).

Révélation et Réalisation

- La réalisation de ces distinctions permet de comprendre

la hiérarchie des tattvas, depuis la terre (pṛthivī) jusqu'au Principe primordial, chacun ayant des formes et des états spécifiques.

- En percevant ces distinctions, on atteint la reconnaissance de la nature ultime de Śiva et l'expérience de l'unité avec Lui.

Commentaire du Chapitre 10

Chemin des Kalās

Le dixième chapitre traite du chemin des kalās (kalādhvā), les aspects subtils des tattvas.

Hiérarchie et manifestation

- Les kalās régissent les tattvas et se manifestent en diverses formes spécifiques, du plus subtil au plus grossier.
- Les quatre groupes principaux de kalās incluent : Nivṛtti (cessation des tattvas), Pratiṣṭhā (support), Vidyā (révélation de la connaissance), et Śāntā (apaisement des limitations).

Univers et contact énergétique

- Les kalās forment quatre univers : Pārthiva, Prākṛta, Māyīya, et Śākta, chaque univers étant une manifestation de la conscience (cit).
- Le Śivatattva transcende ces kalās et se manifeste dans la contemplation et la dévotion (bhāvana-arcā), représentant le principe ultime et indépendant (para-

tattva).

Classifications et Réalisation

- Les tattvas sont classés selon leur état d'être objet de connaissance (prameyatva), instrument (karaṇatva), et agent (kartṛtvam), culminant dans le Śivatattva, le principe absolu et complet.
- Le chemin des kalās, des bhuvanas (univers), des tattvas, des mots (padādhvā), des mantras et des lettres (varṇa) mène à la réalisation du Soi (svarūpa).

Commentaire du Chapitre 11

Descente de la Grâce (Śaktipāta)

Le onzième chapitre explique la descente de la Grâce (śaktipāta), essentielle pour obtenir la Libération (apavarga).

Intensité de la Grâce

- La descente de la Grâce varie en intensité selon la réceptivité et la pureté de l'âme. Ceux qui reçoivent une intense descente de grâce atteignent immédiatement la Libération, tandis que ceux qui reçoivent une Grâce modérée ou légère doivent pratiquer spirituellement pour purifier leur cœur et s'ouvrir à la Réalisation.

Initiation et pratique

- Les initiations (dīkṣā) varient en fonction du degré de pureté atteint par l'âme, utilisant la Grâce pour élever l'âme. La Grâce divine est comparée à une Lumière dissipant les ténèbres de l'ignorance et révélant la nature véritable de l'âme.

Rôle des Maîtres Spirituels

- Les maîtres spirituels jouent un rôle crucial en canalisant cette Grâce divine, aidant les disciples à se purifier et à se préparer à recevoir la Lumière divine.

Essence de la Grâce Divine

- La descente de la Grâce est essentielle pour surmonter les limitations de l'ignorance et des attachements mondains, permettant à l'âme d'atteindre l'état suprême de Śiva, caractérisé par la Conscience pure et la liberté totale.
- **La Grâce divine est la clé de la libération**, guidant l'individu vers la véritable connaissance et la liberté ultime, et permettant de transcender les limitations et d'atteindre l'union avec le divin.

Commentaire du Chapitre 12

Nature de la Dīkṣā et du Snāna

1. **Snāna (bain rituel) et purification**: La dīkṣā, ou initiation, commence par le snāna, un bain rituel symbolisant la purification. Cette purification symbolise l'élimination de l'impureté, qui réside dans l'identification erronée avec des formes extérieures, éloignant l'âme de sa nature essentielle de pure

Conscience et félicité.

2. **Types de purification** : La purification se produit par absorption dans Mahābhairava, instantanément ou progressivement, selon la capacité individuelle. Elle est divisée en huit types, correspondant aux éléments de la nature : terre, eau, vent, feu, éther, lune, soleil, et âme.

3. **Formes de bain** : Il existe des bains externes, utilisant des éléments physiques et des mantras, et des bains internes, consistant en une immersion consciente dans les éléments. **L'immersion dans le Suprême Bhairava est considérée comme le vrai bain.**

Commentaire du Chapitre 13

Rituel et lieu de la Dīkṣā

1. **Lieu du Rituel: Le lieu de la dīkṣā est le cœur purifié du disciple** qui devient apte à l'union avec le Suprême Seigneur. Les lieux mentionnés dans les écritures, tels que les pīṭhas et les sommets de montagnes, doivent être compris de manière symbolique.

2. **Préparation et Nyāsa:** Le rituel commence par des purifications spécifiques (nyāsa) sur les mains, le corps, et les objets du rituel, incluant le récipient sacrificiel.

3. **Mandala et adoration:** On adore les divinités du mandala en suivant un ordre précis, renforçant ainsi la perception de l'identité avec le Seigneur Suprême dans toutes les actions.

4. **Visualisation et Transcendance:** Le disciple visualise les divinités autour de lui et se dissout dans la Lumière

divine, atteignant ainsi l'état d'unité avec le Seigneur Suprême.

Commentaire du Chapitre 14

Rituel de l'Initiation (Putrakadīkṣā)

1. **Rituel préliminaire et offrandes**: Après le rituel préliminaire de Samaya, une offrande collective est faite dans un mandala en forme de lotus à trois branches, avec l'adoration séquentielle des divinités.

2. **Consécration et méditation**: Le disciple est aspergé d'eau sacrée et reçoit la consécration du chemin sacré. On médite sur l'unité du corps du disciple avec la Conscience du maître, intégrant tous les six chemins sacrés.

3. **Unité et Libération**: Le disciple est conduit à l'unité avec l'essence de la liberté et de la souveraineté, atteignant la paix dans l'unité avec le Seigneur Suprême. Le rituel libère le disciple de tous les liens, purifiant ses actions passées, présentes et futures.

Commentaire du chapitre 15

Procédure de l'Initiation de Libération (samutkramaṇadīkṣā)

1. **Timing de l'Initiation**: Lorsqu'une personne proche de la mort reçoit une descente de puissance divine (śaktipāta), elle doit recevoir une initiation immédiate

pour la libération.

2. **Méthode de l'Initiation**: Le disciple est purifié par des rites progressifs, et la déesse Kālarātrī est invoquée pour couper les liens vitaux, plaçant la Conscience au niveau de la fontanelle (brahmarandhra).

3. **Offrande et Libération**: Une oblation complète (pūrṇāhuti) est offerte pour que l'âme soit libérée et s'unisse à *Paramaśiva*. Pour ceux qui désirent jouir des plaisirs, une deuxième oblation est faite pour unir l'âme à la jouissance.

4. **Initiation sans semence**: Une initiation sans semence (nirbījā dīkṣā) peut être accordée en utilisant des visualisations et des mantras spécifiques pour brûler les énergies de naissance, conduisant à la destruction des aptitudes à l'action.

Commentaire du chapitre 16

Initiation pour les absents et les défunts

1. **Types d'Initiation à distance**: Il existe deux types d'initiations à distance : pour les morts et pour les vivants.

2. **Initiation posthume**: Pour les défunts qui ont servi leur maître ou sont morts d'une manière spécifique, le rituel inclut la création d'un sanctuaire (maṇḍala) et l'invocation de la Présence divine à travers des mantras et des rituels.

3. **Processus de l'Initiation**: L'âme est attirée et incarnée dans un corps fait de matériaux symboliques. Une fois l'oblation finale (pūrṇāhuti) accomplie, l'âme est libérée.

4. **Initiation pour les vivants absents**: Le même

processus est suivi sans création de forme matérielle. La méditation établit le saṁskāra (impressions spirituelles), offrant à la fois plaisir et libération.

Commentaire du chapitre 17

Procédure d'Initiation pour les disciples de doctrines autres

1. **Conditions de l'Initiation**: Ceux qui suivent des doctrines "inférieures" ou ont pris des vœux sous des maîtres non autorisés doivent suivre une procédure spécifique lors de la descente de la puissance divine (śaktipāta).
2. **Préparation et rituel**: L'initié doit jeûner, adorer la divinité avec des mantras communs, prendre les vœux devant la divinité, se purifier par un bain rituel et des herbes sacrées, et être aspergé.
3. **Adoration et oblations**: L'initié doit adorer Parameśvara avec des mantras communs, offrir des oblations pour la purification des vœux, et accomplir une pūrṇāhuti.
4. **Finalisation du rituel**: L'initié écoute les instructions divines, offre des libations, dissout le feu sacré, et suit les rituels préliminaires. Une initiation complète est accordée, même pour ceux ayant suivi un maître extérieur, après complète purification.

Commentaire du chapitre 18

Initiation et responsabilités

1. **Consécration pour l'autorité**: Un Guru doit consacrer un disciple bien avancé dans la Connaissance pour qu'il devienne un sādhaka ou un Guru, car seul un possesseur de Connaissance est qualifié pour ces rôles.
2. **Transmission de l'autorité**: En conférant son autorité à un disciple, un Guru n'encourt pas de péché même s'il n'accomplit pas d'autres rites d'initiation, mais il doit faire attention à la responsabilité associée à l'autorité.
3. **Vœux de Connaissance**: Le nouveau Guru doit pratiquer le japa, le homa et les cultes spéciaux pendant six mois pour atteindre l'union avec la divinité du Mantra.
4. **Critères d'Initiation**: Un Guru ne doit pas initier des individus non qualifiés et doit inspecter soigneusement les initiés pour garantir leur aptitude (Grâce).
5. **Réaction à la tromperie**: Si un disciple obtient néanmoins la Connaissance par tromperie, le Guru doit passer outre et se concentrer sur les rituels appropriés.

Commentaire du chapitre 19

Initiation posthume et rituels

1. **Dernier sacrement**: Pour les membres des ordres inférieurs et ceux des ordres supérieurs qui ont enfreint les règles, on doit effectuer une initiation posthume appelée "dernier sacrement" (āntyasaṁskārā).
2. **Rituel de résurrection**: Le rituel de résurrection des morts doit être exécuté intégralement sur le corps du

défunt, suivi de l'incinération après l'offrande finale (pūrṇāhuti).

3. **Mantras et actions**: Pendant le rituel, des mantras spécifiques et des actions rituelles sont exécutés pour faire trembler le corps du défunt et le lier au Seigneur Suprême (*Paramaśiva*).

4. **Rites funéraires**: L'initiation funéraire pour les purs et les autres se fait à travers le *śrāddha*, répétée pendant trois jours consécutifs, puis chaque mois et chaque année.

5. **Offrande au Seigneur Suprême**: Les rites incluent l'offrande de nourriture en méditant sur l'énergie sous forme de semence et l'offrant au Seigneur Suprême, Maître de tout.

6. **Rites pour les Vvvants et les morts**: Les rites funéraires, la résurrection et le śrāddha sont essentiels pour obtenir des résultats fructueux et doivent être accomplis, même pour ceux en quête de libération (*mumukṣu*).

Commentaire du chapitre 20

Pratiques quotidiennes et occasionnelles des rituels

1. **Pratique continue**: Après l'initiation, le Guru enseigne au disciple la pratique continue pour toute sa vie, divisée en trois types : quotidienne, occasionnelle et motivée par le désir.

2. **Pratiques quotidiennes**: Elles incluent la réalisation continue de l'union avec le divin et le culte quotidien au crépuscule.

3. **Pratiques occasionnelles**: Elles incluent des événements tels que la visite du Guru, les jours

propices, l'acquisition de la connaissance et les explications des écritures.

4. **Rituels spécifiques**: Le rituel pavitraka est essentiel pour tous les sacrifices et doit être pratiqué selon les instructions des textes sacrés. Il est effectué après la pleine lune de Āṣāḍha et se poursuit jusqu'à la pleine lune de Kārttika.

5. **Lecture et explication des écritures: Le Guru doit expliquer les écritures aux disciples**, en adaptant les enseignements selon la capacité des auditeurs. Le rituel inclut des offrandes et des libations.

6. **Purification des infractions**: Ceux qui connaissent la Vérité (tattvajñāninaḥ) doivent suivre les règles de conduite et effectuer des expiations pour les infractions.

7. **Vénération du Guru**: La vénération du Guru doit être effectuée à la fin de tous les rituels, en méditant sur lui **comme la forme du Seigneur Suprême** et en offrant des offrandes complètes.

Commentaire du chapitre 21

1. **Nature des écritures** : L'univers est composé de pure Conscience, et les écritures sont l'expression de la nature du Seigneur Suprême. Elles visent un seul résultat pour les adeptes, bien que manifestées de diverses manières selon les traditions.

2. **Diversité des doctrines** : Certaines personnes suivent les écritures védiques, d'autres les doctrines du Sāṅkhya ou du Vaiṣṇava, et d'autres encore les doctrines du Śaiva Siddhānta ou du Mataṅga, cherchant chacune la

libération selon leur propre perspective.

3. **Unité sous-jacente** : Toutes ces doctrines, bien que diverses, ont un seul but et proviennent d'un seul Seigneur. Leur autorité réside dans leur capacité à fournir une connaissance **partielle** sans contradiction.

4. **Supériorité et résultats** : Il existe une hiérarchie dans les résultats des pratiques selon les traditions, avec des différences de purification et de méthodes. Les doctrines offrent des résultats visibles comme la jouissance ou invisibles comme l'union avec Śiva.

5. **Choix de la Tradition** : Chaque personne choisit la tradition qui correspond à sa nature, acceptant l'autorité des écritures pour atteindre la libération et réaliser la nature suprême du Seigneur Śiva.

Commentaire du chapitre 22

1. **Six types d'adoration Kaula** : L'adoration Kaula se divise en six types : externe, avec la śakti, dans son propre corps, en union, dans le souffle, et dans la Conscience. Chacune est supérieure à la précédente, le dernier type étant principal pour ceux qui cherchent la libération.

2. **Adoration externe** : Utilisation d'objets sacrés comme une tablette ou un lingam, en méditant sur l'union du souffle et de la conscience avec le corps, et en récitant des mantras pour réaliser la plénitude de l'univers en Parameśvara.

3. **Adoration avec la Śakti** : Éveil mutuel des énergies de la śakti et des héros, entraînant la création et la dissolution. Le cercle rituel est rempli par l'énergie de la

śakti, et l'union de la Conscience est méditée au centre du cercle.

4. **Adoration dans son propre corps** : Suivre la même méthode que l'adoration externe, en méditant sur les chakras à partir du brahmarandhra pour réaliser l'union.

5. **Adoration en union** : Les énergies des partenaires sont vues comme identiques, et l'union entraîne l'adoration mutuelle et la béatitude, avec des offrandes extérieures et intérieures.

6. **Adoration dans le souffle** : Réalisation de l'union complète avec le cercle par l'union des énergies du souffle et du feu.

7. **Adoration dans la Conscience** : Méditation sur l'union des énergies du mantra pour atteindre la libération tout en vivant. L'union des énergies du souffle et du feu mène à l'union parfaite.

6) Commentaire sur le Malinivijayottaratantra

Le *Malinivijayottaratantra* est un texte tantrika clé dans la tradition du Shivaïsme du Cachemire. Il est réputé pour sa richesse doctrinale et sa profondeur mystique.

Le Malinivijayottaratantra traite principalement de la nature de la Conscience universelle (Shiva) et de son énergie (Shakti), ainsi que des pratiques pour réaliser l'union avec la Conscience divine. Il explore des thèmes tels que les chakras, les mantras, les mudras, et les diverses pratiques méditatives.

Chapitre 1 : Principe de Māyā

1. Question de la Déesse : La Déesse demande à Śiva d'expliquer le principe de Māyā, son origine et comment l'univers est perçu à travers elle.
2. Réponse de Śiva : Śiva décrit Māyā comme l'illusion qui voile et révèle l'univers, affirmant que la connaissance de Māyā conduit à la libération.
3. Nature de Māyā : Māyā est éternelle, sans début ni fin, et elle est la cause de la transmigration des âmes. La connaissance de Māyā permet de comprendre la réalité ultime.
4. Voile et Révélation : **Māyā agit en voilant la véritable nature des choses et en créant l'illusion de la multiplicité. Elle est à la fois l'obstacle et le moyen de la sagesse suprême.**
5. Surmonter Māyā : Le discernement (viveka), le détachement (vairagya), la connaissance (jnana) et la dévotion (bhakti) sont les clés pour transcender Māyā.
6. Influence de Māyā : Māyā crée la perception de la dualité et influence les êtres vivants à travers les trois gunas : sattva, rajas et tamas. Les êtres doivent cultiver le discernement et le détachement pour transcender Māyā.
7. Obstacles à la Réalisation : L'ignorance, l'ego, le désir et l'attachement sont les principaux obstacles à la réalisation de la vérité ultime. Le discernement, la dévotion et la méditation sont nécessaires pour les surmonter.

Chapitre 2 : Les divers types de Yoga

1. **Demande de la Déesse** : La Déesse souhaite connaître

les différents principes et pratiques du yoga.

2. **Réponse de Śiva** : Il existe trois principaux types de yoga : karma yoga (action), bhakti yoga (dévotion) et jnana yoga (connaissance), chacun menant à la libération par des voies différentes.

3. **Karma Yoga : Accomplir ses devoirs avec détachement** purifie le cœur et libère des chaînes du karma.

4. **Bhakti Yoga : La dévotion intense et l'amour pour le Divin** mènent à l'union avec l'Absolu.

5. **Jnana Yoga : L'étude des écritures et la méditation** transcendent l'ignorance et réalisent la nature de l'Absolu.

6. **Intégration des Yogas** : Les trois yogas sont **complémentaires** et **<u>doivent être pratiqués ensemble</u>** pour une réalisation complète de l'Absolu.

7. **Pratiques de Yoga** : Comprennent prāṇāyāma (contrôle du souffle), āsanas (postures) et dhāraṇā (concentration). La méditation (dhyāna) est la pratique la plus importante pour atteindre l'union avec le suprême.

8. **Progrès dans la méditation** : Les signes incluent la **paix intérieure**, la **clarté mentale**, l'**absence de désirs et d'attachements**, et la **sensation de félicité**.

Chapitre 3 : Les Énergies Divines (Śaktis)

1. **Demande de la Déesse** : Elle souhaite connaître les différentes manifestations des énergies divines et leur influence sur le monde.

2. **Réponse de Śiva** : Les principales énergies divines sont Parāśakti (Conscience suprême), Adiśakti (énergie primordiale), Icchāśakti (volonté), Jñānaśakti

(connaissance) et Kriyāśakti (action).

3. **Fonctions des Śaktis** :
   - Parāśakti : Source de toutes les énergies, fondement de l'existence.
   - Adiśakti : Force créatrice de l'univers.
   - Icchāśakti : Responsable de la détermination et du désir.
   - Jñānaśakti : Illumine l'esprit et dissipe l'ignorance.
   - Kriyāśakti : Manifeste les pensées et les intentions dans le monde matériel.
4. **Influence des Śaktis** : Ces énergies influencent les êtres vivants en fonction de leur niveau de conscience et de leur karma. L'harmonisation de ces énergies conduit à la libération.
5. **Pratiques pour Harmoniser les Śaktis** : Incluent le karma yoga, le bhakti yoga et le jnana yoga pour purifier et harmoniser les énergies de la volonté, de la connaissance, de l'action et de la Conscience.

Chapitre 4 : Pratiques secrètes du Yoga et de la méditation

1. **Demande de la Déesse** : Elle souhaite connaître les pratiques secrètes du yoga et de la méditation.
2. **Réponse de Śiva** :
   - Concentration (dharana) : **Fixer l'esprit sur un point** pour maîtriser les fluctuations mentales.
   - Méditation (dhyāna) : **Méditer sur la Lumière divine ou un mantra sacré** pour purifier l'esprit et éveiller la conscience spirituelle.
   - Union (samadhi) : Transcender l'ego et réaliser l'unité avec le suprême.

3. **Atteindre le Samadhi : Par la pratique du pratyahara** (retrait des sens), **méditation profonde et persévérance.**
4. **Progrès Spirituel** : Signes incluent la paix intérieure, clarté mentale, absence de désirs et d'attachements, et la félicité divine.

Chapitre 5 : Formes de dévotion et rituels sacrés

1. **Demande de la Déesse** : Elle souhaite connaître les différentes formes de dévotion et les rituels sacrés.
2. **Réponse de Śiva** :
   - Dévotion rituelle (vaidika bhakti) : Prières, offrandes et chants selon les rites prescrits.
   - Dévotion spontanée (raganuga bhakti) : Expression libre de l'amour pour le Divin, sans rites stricts.
   - **Dévotion suprême** (parama bhakti) : **Réalisation de l'unité avec le Divin.**
3. **Rituels Sacrés** : Adoration quotidienne, offrandes de fleurs, lumière, nourriture et récitations de mantras. **Importance de l'intention pure et de la dévotion sincère.**
4. **Progrès dans la Dévotion** : Signes incluent la purification du cœur, la paix intérieure, la dévotion intense et l'expérience directe de la Présence divine.

Chapitre 6 : Étapes de l'éveil spirituel

1. **Demande de la Déesse** : Elle souhaite connaître les étapes de l'éveil spirituel et les expériences associées.
2. **Réponse de Śiva** :
   - Éveil initial (ādyāvasthā) : Prise de conscience

de la nature spirituelle et désir intense de connaissance.

- Purification (śuddhāvasthā) : Élimination des impuretés mentales et émotionnelles par des pratiques spirituelles.
- Illumination (prabhāvasthā) : **Expérience de réalisations spirituelles et compréhension profonde de la vérité divine.**
- Stabilité (sthirāvasthā) : **Stabilité intérieure et constance dans la pratique spirituelle.**
- Réalisation (pūrṇāvasthā) : **Réalisation complète de la nature divine et unité continue avec le Divin.**

3. **Progrès spirituel** : Signes incluent la paix intérieure, réduction des désirs et des attachements, clarté mentale et expérience de la félicité divine.
4. **Pratiques pour progresser : Méditation régulière, chant des mantras, étude des écritures, dévotion et service désintéressé.** Cultiver des qualités telles que la **compassion**, la **patience** et le **discernement**.

Chapitre 7 : Divers types de méditation et leurs bénéfices

1. **Question de la Déesse** : Elle demande à Śiva d'expliquer les divers types de méditation et leurs bénéfices.
2. **Réponse de Śiva** : Il parle de plusieurs types de méditation, notamment sur le souffle (prāṇāyāma), la lumière (jyoti dhyāna) et les mantras (mantra dhyāna).
3. **Méditation sur le Souffle : Observer et contrôler le souffle purifie l'esprit et harmonise les énergies internes.**

4. **Méditation sur la Lumière : Visualiser la Lumière divine** éveille la conscience et illumine l'esprit.

5. **Méditation sur les Mantras : Réciter un mantra** calme l'esprit et éveille l'énergie spirituelle.

6. **Bénéfices :**
   - **Souffle** : Purification et stabilité de l'esprit.
   - **Lumière** : Éveil de la conscience divine.
   - **Mantras** : Calme de l'esprit et éveil de l'énergie spirituelle.

7. **Choix de la méditation** : Dépend des inclinations et besoins individuels. Combiner différentes formes peut être bénéfique.

8. **Conclusion de Śiva** : En pratiquant ces enseignements avec foi et persévérance, on atteint la Réalisation spirituelle.

Chapitre 8 : Les Siddhis (Pouvoirs Spirituels)

1. **Question de la Déesse** : Elle souhaite connaître la nature des siddhis et comment ils sont atteints.

2. **Réponse de Śiva** : Les siddhis sont des pouvoirs spirituels obtenus par la pratique intensive du yoga et de la méditation.

3. **Types de Siddhis** : Huit grands siddhis incluent des pouvoirs tels que réduire ou augmenter sa taille, devenir très léger ou lourd, atteindre n'importe quel endroit, réaliser ses désirs, et contrôler les autres.

4. **Obtention des Siddhis** : Par purification intense, méditation profonde et contrôle parfait du prāṇa.

5. **Dangers des Siddhis** : <u>Utilisation égoïste peut devenir un obstacle</u>. **Il faut les utiliser avec détachement et discernement.**

6. **Conclusion de Śiva** : Pratiquer le yoga avec sincérité et dévotion pour atteindre la réalisation spirituelle sans être entravé par les siddhis.

Chapitre 9 : Pratiques de purification

1. **Question de la Déesse** : Elle demande des détails sur les pratiques de purification.
2. **Réponse de Śiva** : Il décrit des techniques comme le nettoyage interne (dhouti), les lavements (basti), les nettoyages de la cavité nasale (neti), les nettoyages des intestins (nauli), les exercices respiratoires (kapālabhāti), et la fixation du regard (trāṭaka).
3. **Bénéfices des Pratiques** :
   - **Dhouti** : Élimine les toxines.
   - **Basti** : Nettoie les intestins.
   - **Neti** : Améliore la respiration et la clarté mentale.
   - **Nauli** : Stimule les organes internes.
   - **Kapālabhāti** : Purifie les voies respiratoires et augmente l'énergie vitale.
   - **Trāṭaka** : Développe la concentration.
4. **Conclusion de Śiva** : Ces pratiques purifient le corps et l'esprit, préparant ainsi à l'éveil spirituel.

Chapitre 10 : Diverses formes de Prāṇāyāma

1. **Question de la Déesse** : Elle souhaite connaître les diverses formes de prāṇāyāma et leurs bénéfices.
2. **Réponse de Śiva** : Il parle de nāḍīśuddhi, ujjāyī, sītalī, bhastrikā et kumbhaka.
3. **Bénéfices des formes de Prāṇāyāma** :

- **Nāḍīśuddhi** : Purifie les canaux énergétiques.
- **Ujjāyī** : Calme l'esprit et améliore la concentration.
- **Sītalī** : Rafraîchit le corps et l'esprit.
- **Bhastrikā** : Stimule l'énergie vitale.
- **Kumbhaka** : Stabilise l'esprit et contrôle l'énergie vitale.

4. **Conclusion de Śiva** : Pratiquer ces techniques avec régularité et discernement pour purifier le corps et l'esprit et se préparer à l'éveil spirituel.

Chapitre 11 : Nature de l'Initiation

1. **Question de la Déesse** : Elle demande à connaître la nature de l'initiation et les pratiques sacrées associées.
2. **Réponse de Śiva** : L'initiation est le transfert de connaissance et de pouvoir spirituel par le Maître au disciple.
3. **Types d'initiation** :
   - **Par le regard** : Transmission par la force du regard.
   - **Par le toucher** : Transfert de puissance par le toucher.
   - **Par le mantra** : Transmission d'un mantra sacré.
   - **Par le feu** : Utilisation du feu sacré.
   - **Par l'eau** : Utilisation de l'eau sacrée.
   - **Par le son** : Utilisation de sons sacrés.
4. **Signes d'une initiation réussie** : Purification profonde, paix intérieure, clarté mentale, intensification de la dévotion, et expériences spirituelles.
5. **Conclusion de Śiva** : Pratiquer les enseignements avec foi et persévérance pour atteindre la Réalisation

spirituelle.

Chapitre 12 : Divers types de Mantras

1. **Question de la Déesse** : Elle souhaite connaître les divers types de mantras et leur puissance.
2. **Réponse de Śiva** : Les mantras sont des sons sacrés avec des vibrations spécifiques et des pouvoirs spirituels.
3. **Types de Mantras** :
   - **Bīja Mantras** : Syllabes racines contenant l'essence des divinités (ex. 'Aom').
   - **Bhakti Mantras** : Utilisés pour invoquer et adorer les divinités (ex. 'Aom Namah Shivaya').
   - **Raksha Mantras** : Utilisés pour la protection contre les énergies négatives.
4. **Utilisation des Mantras** : Réciter régulièrement avec dévotion et concentration, par exemple avec un mālā de 108 perles.
5. **Conclusion de Śiva** : Pratiquer les mantras avec foi et persévérance pour atteindre la protection et l'élévation spirituelle.

Chapitre 13 : Les divers types de Tapas (austérités)

1. **Question de la Déesse** : Demande à Śiva d'expliquer les divers types de tapas et leur rôle dans la purification spirituelle.
2. **Réponse de Śiva : Les tapas sont des pratiques rigoureuses qui purifient le corps, l'esprit et l'âme, renforçant la discipline et la volonté.**

3. **Types de Tapas** :
   - **Austérités physiques** : Jeûne, maintien de postures difficiles, restriction des plaisirs sensoriels. Elles purifient le corps et renforcent la discipline physique.
   - **Austérités mentales** : Silence (mauna), **concentration intense** (dharana), **méditation** (dhyana). Elles purifient l'esprit et renforcent la concentration.
   - **Austérités spirituelles** : **Récitation de mantras, étude des écritures sacrées, dévotion intense au Divin**. Elles purifient l'âme et renforcent la dévotion.
4. **Bénéfices des Tapas** :
   - **Physiques** : Purification du corps, augmentation de la résistance physique.
   - **Mentales** : Purification de l'esprit, clarté mentale, paix intérieure.
   - **Spirituelles** : Purification de l'âme, réalisation de l'unité avec le Divin.
5. **Conclusion de Śiva** : Pratiquer les tapas avec dévotion et persévérance mène à la purification spirituelle et à l'élévation.

Chapitre 14 : Les divers types de Mudras (gestes sacrés)

1. **Question de la Déesse** : Demande à Śiva d'expliquer les divers types de mudras et leur rôle dans la pratique spirituelle.
2. **Réponse de Śiva : Les mudras sont des gestes sacrés qui canalisent l'énergie divine et favorisent la concentration et la méditation.**

3. **Types de Mudras** :
   - **Jñāna Mudra** : Union de la conscience individuelle et universelle.
   - **Chin Mudra** : État de réceptivité spirituelle.
   - **Anjali Mudra** : Dévotion et respect.
   - **Abhaya Mudra** : Protection et absence de peur.
   - **Dhyāna Mudra** : Méditation profonde et tranquillité.
4. **Bénéfices des Mudras** :
   - **Jñāna Mudra** : Connaissance et concentration.
   - **Chin Mudra** : Ouverture spirituelle.
   - **Anjali Mudra** : Dévotion.
   - **Abhaya Mudra** : Protection.
   - **Dhyāna Mudra** : Tranquillité et méditation.
5. **Conclusion de Śiva** : Pratiquer les mudras avec foi et détermination mène à l'élévation spirituelle.

Chapitre 15 : Les divers types de Bhakti (Dévotion)

1. **Question de la Déesse** : Demande à Śiva d'expliquer les divers types de bhakti et leur rôle dans l'union divine.
2. **Réponse de Śiva** : La bhakti est une voie de dévotion intense et d'amour pour le Divin, menant à l'union spirituelle.
3. **Types de Bhakti** :
   - **Śānta Bhakti** : Dévotion paisible.
   - **Dāsya Bhakti** : Dévotion servile.
   - **Sakhya Bhakti** : Dévotion amicale.
   - **Vātsalya Bhakti** : Dévotion parentale.
   - **Mādhurya Bhakti** : Dévotion amoureuse.

4. **Bénéfices des Bhakti** :
   - **Śānta Bhakti** : Paix intérieure.
   - **Dāsya Bhakti** : Humilité.
   - **Sakhya Bhakti** : Camaraderie spirituelle.
   - **Vātsalya Bhakti** : Tendresse.
   - **Mādhurya Bhakti** : Extase spirituelle.
5. **Conclusion de Śiva** : Pratiquer la bhakti avec dévotion et persévérance conduit à l'union divine.

Chapitre 16 : Les divers types de sacrifices (Yajña)

1. **Question de la Déesse** : Demande à Śiva d'expliquer les divers types de sacrifices et leur importance spirituelle.
2. **Réponse de Śiva** : Les yajñas sont des offrandes rituelles faites au Divin pour purifier l'âme et attirer les bénédictions divines.
3. **Types de Yajñas** :
   - **Homa Yajña** : Offrandes dans le feu sacré.
   - **Abhiṣeka Yajña** : Aspersion d'eau sacrée.
   - **Annadāna Yajña** : Offrande de nourriture.
   - **Jñāna Yajña** : **Sacrifice de la connaissance**.
4. **Bénéfices des Yajñas** :
   - **Homa Yajña** : Purification environnementale et divine.
   - **Abhiṣeka Yajña** : Sanctification.
   - **Annadāna Yajña** : Soutien de la vie humaine.
   - **Jñāna Yajña** : **Éveil de la sagesse**.
5. **Conclusion de Śiva** : Pratiquer les yajñas avec dévotion et sincérité purifie l'âme et attire les bénédictions divines.

Chapitre 17 : Les divers types de pratiques spirituelles (Sādhanā)

1. **Question de la Déesse** : Demande à Śiva d'expliquer les divers types de sādhanā et leur rôle dans la réalisation spirituelle.
2. **Réponse de Śiva : La sādhanā est l'ensemble des disciplines et des pratiques menant à l'éveil spirituel.**
3. **Types de Sādhanā** :
   - **Karma Sādhanā** : Actions offertes au Divin.
   - **Bhakti Sādhanā** : Dévotion intense.
   - **Jñāna Sādhanā** : Recherche de la connaissance spirituelle.
   - **Rāja Sādhanā** : Discipline de l'esprit et du corps.
4. **Bénéfices des Sādhanās** :
   - **Karma Sādhanā** : Purification du cœur.
   - **Bhakti Sādhanā** : Amour divin.
   - **Jñāna Sādhanā** : Dissipation de l'ignorance.
   - **Rāja Sādhanā** : Harmonisation des énergies internes.
5. **Conclusion de Śiva** : Pratiquer les sādhanās avec dévotion et persévérance conduit à la réalisation spirituelle.

Chapitre 18 : Les divers types de Pratyāhāra (Retrait des Sens)

1. **Question de la Déesse** : Demande à Śiva d'expliquer les divers types de pratyāhāra et leur rôle dans la pratique spirituelle.
2. **Réponse de Śiva : Le pratyāhāra est l'art de détourner l'attention des objets sensoriels pour la**

diriger vers l'intérieur, préparant l'esprit à la méditation.

3. **Types de Pratyāhāra** :
   - **Physique** : Abstention des stimulations sensorielles extérieures.
   - **Mental** : Discipline de l'esprit pour éviter les pensées et émotions distrayantes.
   - **Spirituel** : Concentration sur les pratiques spirituelles.

4. **Bénéfices du Pratyāhāra** :
   - **Physique** : Calme et réduction des distractions.
   - **Mental** : Concentration et vigilance mentale.
   - **Spirituel** : Purification de l'esprit et de l'âme.

5. **Conclusion de Śiva** : Pratiquer le pratyāhāra avec dévotion et persévérance mène à une concentration profonde et à la paix intérieure nécessaires à l'éveil spirituel.

Chapitre 19 : Les divers types de Dhāraṇā (Concentration)

1. **Question de la Déesse** : Demande à Śiva d'expliquer les divers types de dhāraṇā et leur rôle dans la pratique spirituelle.

2. **Réponse de Śiva : La dhāraṇā est l'art de concentrer l'esprit sur un seul point ou objet**, préparant ainsi l'esprit à la méditation profonde.

3. **Types de Dhāraṇā** :
   - **Concentration sur un objet externe** : Fixer l'attention sur un objet physique tel qu'une flamme ou une image de divinité.
   - **Concentration sur un point interne : Diriger l'attention vers un point à l'intérieur du**

corps, comme entre les sourcils ou le cœur.

- **Concentration sur un concept spirituel** : **Méditer sur** une idée ou un enseignement spirituel, comme **la nature de la conscience**.

4. **Bénéfices de la Dhāraṇā** :
   - **Objet externe** : Stabilise l'esprit et développe la concentration.
   - **Point interne** : Favorise l'introspection et l'harmonisation des énergies internes.
   - **Concept spirituel** : Éveille la sagesse et la compréhension spirituelle.
5. **Conclusion de Śiva** : Pratiquer la dhāraṇā avec dévotion et persévérance mène à la concentration et à la clarté mentale nécessaires à la méditation et à la Réalisation spirituelle.

Chapitre 20 : Les divers types de Samādhi (absorption méditative)

1. **Question de la Déesse** : Demande à Śiva d'expliquer les divers types de samādhi et leur rôle dans la réalisation spirituelle.
2. **Réponse de Śiva : Le samādhi est l'état d'union profonde et ininterrompue avec le Divin.**
3. **Types de Samādhi** :
   - **Savikalpa Samādhi** : État de méditation où **la conscience est encore reliée à des pensées ou des objets.**
   - **Nirvikalpa Samādhi** : État de méditation où **la conscience est totalement immergée dans le Divin, sans aucune pensée ou distinction d'objets.**

4. **Bénéfices du Samādhi** :
   - **Savikalpa** : Développe la concentration et l'absorption profonde, préparant l'esprit à la réalisation ultime.
   - **Nirvikalpa** : Conduit à la réalisation de l'unité avec le Divin et à la libération de l'âme.
5. **Conclusion de Śiva** : Pratiquer le samādhi avec dévotion et persévérance conduit à l'union divine et à la réalisation spirituelle.

Chapitre 21 : Les diverses pratiques de Bhakti (dévotion)

1. **Question de la Déesse** : Demande à Śiva d'expliquer les diverses pratiques de bhakti et leur rôle dans l'atteinte de l'union divine.
2. **Réponse de Śiva** : **La bhakti est l'amour intense et désintéressé pour le Divin**, qui conduit à l'union spirituelle.
3. **Pratiques de Bhakti** :
   - **Chant des louanges (Kīrtana)** : Chanter les louanges du Divin en groupe.
   - **Récitation des noms divins (Japa) : Réciter les noms divins ou des mantras.**
   - **Méditation dévotionnelle (Bhāva Dhyāna) : Méditer sur les qualités et les attributs du Divin.**
4. **Bénéfices de la Bhakti** :
   - **Kīrtana** : Purifie le cœur et élève l'esprit.
   - **Japa** : Calme l'esprit, éveille l'amour divin et **conduit à l'absorption profonde**.
   - **Bhāva Dhyāna** : Développe une relation intime avec le Divin et éveille des sentiments profonds

de dévotion et de joie.

5. **Conclusion de Śiva** : Pratiquer la bhakti avec foi et dévotion conduit à l'union divine et à la réalisation spirituelle.

Chapitre 22 : Les diverses formes de Jñāna (Connaissance)

1. **Question de la Déesse** : Demande à Śiva d'expliquer les diverses formes de jñāna et leur rôle dans l'atteinte de la libération.
2. **Réponse de Śiva : Le jñāna est la connaissance spirituelle qui dissipe l'ignorance et conduit à la réalisation de la vérité ultime.**
3. **Formes de Jñāna** :
    * **Jñāna des écritures (Śāstra Jñāna)** : Connaissance acquise par l'**étude des écritures sacrées.**
    * **Jñāna de l'intuition (Pratibha Jñāna)** : **Connaissance intuitive émergeant de la méditation profonde.**
    * **Jñāna direct (Aparokṣa Jñāna)** : **Connaissance directe et immédiate** de la vérité.
4. **Bénéfices du Jñāna** :
    * **Śāstra Jñāna** : Compréhension des vérités spirituelles et guidance dans la pratique spirituelle.
    * **Pratibha Jñāna** : Révélation directe des vérités spirituelles à l'esprit.
    * **Aparokṣa Jñāna** : Réalisation de l'unité avec le Divin.
5. **Conclusion de Śiva** : Cultiver le jñāna avec dévotion et

246

persévérance dissipe l'ignorance et mène à la Libération.

Chapitre 23 : Les Diverses Formes de Moksha (Libération)

1. **Question de la Déesse** : Demande à Śiva d'expliquer les diverses formes de moksha et leur rôle dans la réalisation spirituelle ultime.
2. **Réponse de Śiva : La moksha est la libération de l'âme du cycle de la naissance et de la mort, et l'union avec le Divin.**
3. **Formes de Moksha** :
   - **Sālokya** : Demeurer dans le même monde que le Divin.
   - **Sāmīpya** : Proximité avec le Divin.
   - **Sārūpya** : Avoir la même forme que le Divin.
   - **Sāyujya** : Union complète avec le Divin.
4. **Bénéfices de la Moksha** :
   - **Sālokya** : Présence et protection divine.
   - **Sāmīpya** : Union constante avec le Divin.
   - **Sārūpya** : Partage des caractéristiques divines.
   - **Sāyujya** : Union complète et béatitude éternelle.
5. **Conclusion de Śiva** : Cultiver la dévotion, la sagesse et la pureté mène à ces formes de moksha et à la libération spirituelle ultime.

CONTACT ET AUTRES OUVRAGES PUBLIES

- Cataneo, Emma. *Au cœur du tantra: Techniques et pratiques quotidiennes pour une transformation intérieure libératrice.* BoD, 2024.

- Cataneo, Emma. *Vivre la sagesse du Maharshi au quotidien.* BoD, 2023.

- Cataneo, Emma. *Maitriser le kriya yoga: Techniques et pratiques essentielles.* BoD, 2024.

- Cataneo, Emma. *La pratique du yoga comme voie spirituelle: De la gym à l'éveil - techniques inclusives.* BoD, 2022.

- Cataneo, Emma. *La pratique du yoga comme voie spirituelle: Tome 2 techniques experts & enseignants.* BoD, 2023.

Pour me contacter :

info@emmayogainclusif.com

Satsang, stages et retraites :

https://emmayogainclusif.com/